本书为国家统计局统计信息技术与数据挖掘重点实验室基金资助项目
"大数据背景下高维数据的降维及应用研究"（项目编号：SDL201903）的
研究成果，同时获得2020年度四川省统计科学研究计划项目
"四川省高质量发展统计监测研究"（项目编号：2020SC17）的支持

新时代"三农"问题研究丛书

农村产业融合对农民增收的影响研究
——以西部部分省份为例

NONGCUN CHANYE RONGHE DUI NONGMIN ZENGSHOU DE YINGXIANG YANJIU
——YI XIBU BUFEN SHENGFEN WEILI

李秋敏　彭跃秒 ○ 著

西南财经大学出版社
Southwestern University of Finance & Economics Press

中国·成都

图书在版编目(CIP)数据

农村产业融合对农民增收的影响研究:以西部部分省份为例/李秋敏,彭跃秒
著.—成都:西南财经大学出版社,2021.10
ISBN 978-7-5504-5040-0

Ⅰ.①农… Ⅱ.①李…②彭… Ⅲ.①农业产业—产业融合—影响—农民收
入—收入增长—研究—中国 Ⅳ.①F323

中国版本图书馆 CIP 数据核字(2021)第 172336 号

农村产业融合对农民增收的影响研究——以西部部分省份为例
李秋敏 彭跃秒 著

责任编辑:植苗
封面设计:何东琳设计工作室
责任印制:朱曼丽

出版发行	西南财经大学出版社(四川省成都市光华村街55号)
网 址	http://cbs. swufe. edu. cn
电子邮件	bookcj@ swufe. edu. cn
邮政编码	610074
电 话	028-87353785
照 排	四川胜翔数码印务设计有限公司
印 刷	四川五洲彩印有限责任公司
成品尺寸	170mm×240mm
印 张	6
字 数	113 千字
版 次	2021 年 10 月第 1 版
印 次	2021 年 10 月第 1 次印刷
书 号	ISBN 978-7-5504-5040-0
定 价	48.00 元

前言

党的十九大以来，党中央围绕打赢脱贫攻坚战、实施乡村振兴战略做出了一系列重大部署，出台了一系列政策举措。《中共中央 国务院关于抓好"三农"领域重点工作确保如期实现全面小康的意见》指出，支持各地立足资源优势，打造各具特色的农业全产业链，建立健全农民分享产业链增值收益机制，形成有竞争力的产业集群，推动农村第一、第二、第三产业融合发展。通过产业联动、机制创新等方式，跨界优化资金、技术、管理等生产要素配置，延伸产业链，完善利益机制，发展新型业态，打破农村第一、第二、第三产业相互分割的状态，形成第一、第二、第三产业融合，各类主体共生的产业生态。

本书在此背景下，利用翔实的数据和科学的统计模型，定量研究了西部地区部分省份农村产业融合与农民增收的关系、农村产业融合对农民增收的影响程度和影响农民可支配收入的主要因素。通过研究，我们得出西部地区农村产业融合发展的相关结论，并提出了相应的对策建议。

本书由李秋敏和彭跃秒共同完成，其中李秋敏负责全书框架、研究思路、统计建模、决策建议和案例分析等工作，彭跃秒负责数据收集整理、统计建模分析、参考文献整理、文献综述等工作。

本书在写作过程中参考了大量中外文献，已尽可能地列在书后的参考文献中，其中难免有遗漏，这里特向被遗漏的作者表示歉意，并向所有的作者表示诚挚的谢意。本书虽做了大量的系统性研究，但仍存在一些问题有待我们深入探讨，疏漏之处也在所难免，恳请广大读者批评指正。

本书为国家统计局统计信息技术与数据挖掘重点实验室基金资助项目"大数据背景下高维数据的降维及应用研究"（项目编号：SDL201903）的研究成果，同时获得 2020 年度四川省统计科学研究计划项目"四川省高质量发展统计监测研究"（项目编号：2020SC17）的支持。

李秋敏　彭跃秒

2021 年 7 月于成都

摘要

农村产业融合是实现产业兴旺的重要途径。农村产业融合以农业为重点，向第二、第三产业延伸，主要目的是促进农民增收，构建现代农业生产体系，提高农业竞争力。随着农业农村经济快速发展，城乡收入差距逐渐缩小，农民收入结构和消费需求升级，农民收入增速受到限制。当前我国农村产业融合发展速度较快，但深度融合程度不高，融合水平需要进一步提升。目前关于农村产业融合的研究大多是理论研究，缺少对农村产业融合度的定量测算，农村产业融合对农民增收的影响研究层面单一。为了弥补上述不足，本书定量研究了农村产业融合与农民增收的关系，农村产业融合对农民增收的影响程度，以及影响农民可支配收入的主要因素。

本书以我国西部地区部分省份（四川省、云南省、贵州省、甘肃省、陕西省、宁夏回族自治区）为研究对象，研究重点是分析农村产业融合对农民增收的影响，以及影响农民增收的主要因素。

本书利用西部地区部分省份2008—2017年农村产业融合度与农民收入的面板数据，实证研究了农村产业融合对农民增收的影响。其主要研究内容和结论如下：

（1）通过对比全国的农村产业融合水平得出结论，即西部地区6省份农村产业融合发展水平整体偏低，且6省份之间发展不均衡。我们通过测算2008—2017年西部地区6省份的农村产业融合水平得出结论，即这10年，西部地区6省份农村产业融合发展水平呈持续上升态势，其中四川省于2017年步入农村产业融合发展成长阶段，其他5省份处在农村产业融合发展起步阶段。

（2）我们从农民收入整体水平、收入增长率变化、收入结构、城乡收入差距4个方面分析了西部地区农民整体的增收现状。研究发现，西部地区农民的收入水平与全国人民整体的收入水平差距逐渐缩小，增长速率减缓。西部地区6省份农民收入结构发生变化，农民工资性收入和转移性收入占比增加，农民家庭经营性收入占比减少，农民财产性收入变化极小。

（3）我们对西部地区6省份农村产业融合度与农民人均可支配收入之间的相关性进行检验。结果表明，相关系数均在0.9以上，农村产业融合与农民增收之间存在显著相关关系。

（4）通过构建PVAR模型，我们实证分析了农村产业融合与农民增收的动态发展过程，并检验了两者间的因果关系。检验结果表明，农村产业融合与农民增收之间不是互为因果的关系，滞后一期的农村产业融合对农民收入有显著影响。

（5）通过构建面板数据模型，我们实证研究了农村产业融合对农民增收的影响程度。研究发现，农村产业融合对农民增收有显著的正向促进效应，农村产业融合度每增加1%，就能推动农民收入增加约0.207%。

（6）我们利用西部地区6省份2008—2017年农村产业融合各指标与农民人均可支配收入以及4个收入结构的面板数据构建了灰色关联分析模型，实证分析了农村产业融合发展过程中影响农民增收的主要因素。结果显示，农村产业融合影响农民增收的主要因素是：农产品加工业总产值、乡村旅游总收入、设施农业面积占比、农村每万人拥有农民专业合作社数量、休闲农业经营主体数量和农业机械化水平。

最后，我们还将四川省南充市西充县作为案例，展示和分析了其实施农村产业融合发展对农民增收的效果和影响。

因此，本书提出相关建议：发展农产品精加工产业，延长农业产业链；整合旅游资源，大力发展休闲农业；大力发展设施农业，完善现代化农业生产体系；培育多元化融合主体，为融合发展提供动力。以此来推动农村产业深度融合发展，有效促进农民增收。

本书的创新之处在于：一是研究对象的选择，我们以经济发展较弱的西部地区部分省份为研究对象，拓宽了农村产业融合的研究领域。二是研究内容的创新，我们实证研究了农村产业融合发展影响农民收入结构的主要因素。

关键词：产业融合；农村产业融合；农民增收；农业现代化

Abstract

Rural industrial integration is an important way to achieve industrial prosperity. Rural industrial integration focuses on agriculture and extends to secondary and tertiary industries. The main purpose is to promote farmers' income, build a modern agricultural production system, and improve agricultural competitiveness. With the rapid development of the agricultural and rural economy, the urban − rural income gap has gradually narrowed, farmers' income structure and consumer demand have been upgraded, and farmers' income growth has been limited. At present, China's rural industrial integration is developing faster, but the degree of deep integration is low, and the level of integration needs to be further improved. The research on rural industrial integration is mostly theoretical research, lack of quantitative measurement of the degree of rural industrial integration, the research level of the impact of rural industrial integration on farmers' income is single, this book comprehensively studies the relationship between rural industrial integration and farmers' income, and the influence degree and main influence factors of farmers' income increase.

The book takes some western provinces (Sichuan Province, Yunnan Province, Guizhou Province, Gansu Province, Shaanxi Province, Ningxia Hui Autonomous Region) as the research object, the research focus is to analyze the impact of rural industrial integration on farmers' income increase, and the main factors affecting farmers' income increase .

This book uses panel data of rural industrial integration and farmers' income from 2008—2017 in some western provinces as research data to empirically study the impact of rural industrial integration on farmers' income. The main empirical research contents and conclusions are as follows:

(1) By comparing the level of rural industrial integration across the country, it is concluded that the overall level of rural industrial integration development in the six western provinces and regions is relatively low, and the development among the six provinces and regions is uneven. By calculating the level of rural industrial integration in the six western provinces and autonomous regions from 2008 to 2017, it is concluded that the development level of rural industrial integration in the six western provinces has continued to rise over the past ten years. In 2017, Sichuan Province entered the growth stage of rural industrial integration development, and the other five provinces were at the initial stage of rural industrial integration development.

(2) Analyze the overall status of farmers' income increase in the western region from four aspects: the overall level of farmers' income, changes in income growth rate, income structure, and urban-rural gap. The study found that the gap between the income level of farmers in the western region and the whole country has gradually narrowed, the growth rate has slowed down, and farmers' income increase has encountered new challenges. The income structure of farmers in the six western provinces and regions has changed, the proportion of farmers' wage income and transfer income has increased, the proportion of farmers' household income has decreased, and the change in farmers' property income has been minimal.

(3) The book examines the correlation between rural industrial integration in six western provinces and the per capita disposable income of farmers. The results show that the correlation coefficients are all above 0.9, and there is a significant correlation between rural industrial integration and farmers' income increase.

(4) By constructing the PVAR model, empirically analyze the dynamic development process of rural industrial integration and farmers' income increase, and test the causal relationship between the two. The test results show that there is no mutual causality between rural industrial integration and farmers' income increase. Rural industrial integration lagging behind has a significant impact on farmers' income.

(5) By constructing a panel data model, empirically study the impact of rural industrial integration on farmers' income. The study found that rural industrial integration has a significant positive effect on increasing farmers' income. For every 1% increase in rural industrial integration, farmers' income increases by 0.207%.

(6) Using the panel data of the six western provinces and regions in rural industrial integration in 2008—2017 and the per capita disposable income of farmers and the four income structures, construct a gray correlation analysis model to empirically analyze the impact of rural industrial integration on the income growth of farmers major factor. The results show that the main factors influencing the increase of farmers' income in rural industrial integration are: the total output value of agro-processing industry, the total income of rural tourism, the proportion of facility agricultural area, the number of farmers' professional cooperatives per 10,000 people in rural areas, the number of leisure agricultural business entities and agricultural mechanization level.

This book selects Xichong County, Nanchong City, Sichuan Province as a case study. The integrated development of rural industries in Xichong County has increased farmers' income.

Therefore, the book puts forward relevant suggestions: develop the agricultural product finishing industry and extend the agricultural industry chain; integrate tourism resources and develop leisure agriculture; develop facility agriculture and improve the modernized agricultural production system; cultivate diversified and integrated subjects to provide power for integrated development. In order to promote the deep integration of rural industry development, effectively promote farmers' income.

The innovation of the book: first, the choice of research objects, taking some western provinces and regions with weak economic development as the research object, broadening the research field of rural industrial integration. The second is the innovation of the research content, and an empirical study of the main factors that affect the integration of rural industries and the income structure of farmers.

Key words: Industry Convergence; Rural Industrial Integration; Farmers' Income Increase; Agricultural Modernization

目录

1 绪论

1.1 研究背景及研究意义

1.1.1 研究背景

新中国成立以来，在中国共产党的领导下，我国农村改革发展不断取得丰硕成果，从土地改革到农业合作化，从家庭联产承包责任制到农村承包地"三权"分置，从脱贫攻坚战到乡村振兴，一系列"三农"改革建设的创举，推动了农村体制机制不断创新，促进了农业和农村第二、第三产业生产力解放发展。进入 21 世纪后，国家加强"三农"建设，2004—2019 年出台的中央一号文件连续聚焦"三农"问题，先后颁布了一系列"惠农""扶农""富农"政策，如全面取消农业税、退耕还林保护工程、粮食直补、农机具购置补贴、新农村建设等，建立健全城乡融合发展体制机制和政策体系，全面深化农村改革，稳步实施乡村振兴战略，精准扶贫、精准脱贫，农业生产力得到了前所未有的释放，农业劳动生产率不断提高，农产品产量日益增长，农业经济日益壮大。

在一片喜人的成绩背后，"三农"发展中也存在一些不容忽视的问题。首先，农村产业发展速度低于第二、第三产业。我国当前经济发展的重心主要在于第二产业和第三产业，相比第二、第三产业，农业现代化建设发展速度较慢。农村资源有限，生产技术落后，基础设施不健全，管理运营低效，尤其在西部地区，农村农业发展一直落后于第二、第三产业的快速发展。其次，农村产业体系尚未形成。目前，我国大部分农村地区是以家庭为单位的小规模耕作模式，这种模式限制了统筹规划管理，制约了农业现代化，无法实现规模经济，农产品品种单一，不具备市场竞争力，致使我国农业的生产能力不足，生产效率低下。最后，农业从业者素质不高，不能很好地利用农业现代化工具和技术，因此选择外出务工者大大多于留守农村劳作者，西部地区农村有大量青壮年劳动力外出务工，造成"老龄村""空心村"，农村地区大量的土地闲置，无人耕种，促使大量的耕地资源浪费。以上问题反映出农村产业发展的分离，农村产业发展仅关注农业本身，而忽视了农业与第二、第三产业的关联与融合，导致农产品附加值相对较低，留给农业的利润较低，从事农业生产的农民收入增长缓慢，以上问题最直接的后果就是农民增收受限。

2015 年出台的《中共中央 国务院关于加大改革创新力度加快农业现代化建设的若干意见》首次正式提出，我国要推进农村第一、第二、第三产业融合发展；要增加农民收入，就必须延长农业产业链、提高农业附加值；各地应立足资源优势，以市场需求为导向，大力发展特色种养业、农产品加工业、农村服务业，扶持发展一村一品、一乡（县）一业，壮大县域经济，带动农民就业致富；要积极开发农业多种功能，挖掘乡村生态休闲、旅游观光、文化教育价值。2018 出台的《中共中央 国务院关于实施乡村振兴战略的意见》针对如何实现乡村振兴提出了意见，总结了当前我国农村发展较为突出的几点问题。其中，发展不平衡不充分的问题最为突出。在关于如何提高农业发展质量的意见中，中央指出要构建农村第一、第二、第三产业融合发展体系，培育发展新动能。农村产业融合发展是指以农业农村为基础，通过要素集聚、技术渗透和制度创新，延伸农业产业链，拓展农业多种功能，培育农村新型业态，形成农业与第二、第三产业交叉融合的现代产业体系、惠农富农的利益联结机制、城乡一体化的农村发展新格局。推进农村产业融合发展是一项既利当前、又利长远且一举多得的综合性举措，对于构建现代农业产业体系，加快转变农业发展方式，探索中国特色农业现代化道路具有十分重要的意义。在新时代背景下，农业产业不再仅具有农、林、牧、渔业单一生产功能，而开始向农产品加工业和农产品流通销售的第二、第三产业延伸。全国各地开始推进农村产业融合发展工作，农民收入结构优化，消费需求升级，新业态、新产业、新产品和新模式不断涌现，各地开始建设农产品销售服务平台，打造乡村旅游精品，发展休闲农业、创意农业，鼓励新型农业经营主体，实施电子商务进农村等措施。农村产业融合程度在不断加深，但因农村经济基础薄弱，农村产业融合程度并不深，农村产业融合对农民增收的影响因素和途径有待进一步研究。

随着农村经济迅速增长，农民生活质量日益提升，收入水平不断提高，到 2017 年年底，我国农民年人均可支配收入达 13 432 元，实现"十四连增"。城乡收入差距逐渐缩小，农村基础设施、教育和医疗卫生情况得到大幅改善。但是在农业农村经济快速发展的同时，农村资源有限，农民只看粮食产量是不够的，农民收入增长受到限制。解决农民如何增收的问题是"三农"问题的重中之重，包括要降低农村生产成本、解决农产品滞销问题、破解农产品生产低利润的困境等。

西部地区地形复杂，分为西南地区和西北地区，本书中的西南地区以四川省、云南省和贵州省为代表，西北地区以陕西省、甘肃省和宁夏回族自治区^①为代表。西部地区地域辽阔、自然资源丰富，西南与西北地区因气候差异生产不同的特色农产品，农产品加工业发展迅速，如四川省的白酒产业、云南省的花卉产业、陕西省的果蔬产业、甘肃省的马铃薯产业、宁夏回族自治区的枸杞产业规模的不断扩大；西部地区乡村旅游具有得天独厚的条件，民俗文化、自然风光吸引大量游客，四川、云南、贵州、陕西等都是西部地区乡村旅游业发展较成功的省份。农产品加工业、休闲农业和乡村旅游的快速发展，进一步推进了农村第一、第二、第三产业融合发展，促进农民收入增加。但也存在农民观念固化导致农民收入增速缓慢、地理位置偏远导致城乡差距大的问题，限制了农民增收速度，因此西部地区需要推进农村第一、第二、第三产业深度融合，拓宽农民增收渠道，推动农村创业创新，汇聚农业农村发展新动能，打造新的组织和商业模式，加快农民增收，实现乡村振兴。

---

① 为方便阅读，正文中部分地方直接使用简称"宁夏"。

1.1.2　研究意义

推进农村产业融合发展是 2015 年中央农村会议做出的重大战略，是农村发展改革的重大突破和创新，是乡村振兴战略规划中培育农业农村新产业新业态的必然选择，也是农业供给侧结构性改革的重要载体。农村产业融合旨在拓宽农民增收渠道，建设现代农业体系，实现农业发展新、旧动能转化。实现农业现代化、完善农业产业化生产体系、促进城乡融合发展并缩小城乡差距最有效的方法，就是加快农民收入增长。研究农村产业融合发展过程中，如何影响并促进农民进一步加快收入增长的问题，具有一定的理论和实践意义。

1.1.2.1　理论意义

农村产业融合发展产生的收入效益问题，是目前农村经济研究的热点。现有文献关于农村产业融合发展问题的研究中，农村产业融合定量分析的研究对象大多选择经济发达地区，研究领域狭窄，因而本书以经济发展较弱的西部地区部分省份为研究对象，进一步拓宽了农村产业融合与农民增收的研究领域。根据农村产业融合相关的理论依据，本书从不同方面综合评价农村产业融合水平，定量测度融合度，分析其对农民收入影响的内在机理，进一步丰富和补充了农村产业融合与农民增收关系的研究理论，为国家的乡村振兴战略及农业农村新产业、新业态的建设提供实证分析。

1.1.2.2　实践意义

我国农村人口占全国人口的 41.5%，要实现共同富裕，我们就必须先解决农民收入问题，缩小城乡收入差距。推进农村产业融合发展的最终目标就是促进农民增收。本书研究农村产业融合对农民增收的影响，对解决农民收入问题有很强的实践意义。一方面，本书通过对农村产业融合度的测算，综合评价各省份的融合水平，为与西部地区 6 省份农村产业融合发展水平相当的省份提供参考，对促进农民增收和农业供给侧结构性改革具有很强的实践意义。另一方面，本书通过实证分析农村产业融合对农民增收的贡献，为如何提高农村产业融合度和实现农民增收致富指明方向，也对在经济新常态下，如何调整农业产业结构，打造农村发展新载体、新模式，制定可操作的政策建议有很强的指导意义。

1.2 研究思路、方法及内容

1.2.1 研究思路

农村产业融合以农业为重点，向第二、第三产业延伸，主要目的是促进农民增收、构建现代农业生产体系、提高农业竞争力。本书以西部地区部分省份（四川省、云南省、贵州省、甘肃省、陕西省、宁夏回族自治区）为研究对象，定量分析农村产业融合与农民增收的关系、农村产业融合对农民增收的影响和影响农民可支配收入的主要因素。

首先，本书利用西部地区部分省份 2008—2017 年农村产业融合度与农民收入的面板数据，借鉴现有的关于构建农村产业融合评价指标体系和农业产业化指标体系的研究，以农业产业链延伸、农业多功能性发挥和农业信息服务三方面为准则层，选取指标构建农村产业融合评价指标体系来测算农村产业融合度。

同时，本书还从农民收入整体水平、收入增长率变化、收入结构、城乡收入差距四个方面分析了西部地区整体农民增收现状，研究了西部地区农民收入水平与全国的差距以及西部地区 6 省份农民收入的结构等。

其次，本书分析了农村产业融合与农民增收之间的关系。为避免构建的计量模型出现伪回归，本书利用 2008—2017 年西部地区 6 省份的时间序列数据做 Pearson 相关性分析，判断农村产业融合与农民收入之间是否有相关关系；构建 PVAR 模型，实证分析农村产业融合与农民增收的动态发展过程，并检验两者之间是否存在因果关系。经过相关性检验和因果检验后，本书构建了面板数据模型，实证研究了农村产业融合对农民增收的影响程度。

最后，本书利用西部地区 6 省份 2008—2017 年的农村产业融合各指标与农民人均可支配收入及 4 个收入结构的面板数据，构建了灰色关联分析模型，实证分析了农村产业融合发展过程中影响农民增收的主要因素。

1.2.2　研究方法

本书的研究方法主要包括文献研究法、理论分析法、客观赋权法、计量分析法和灰色关联分析法。

1.2.2.1　文献研究法

本书第 2 章运用文献研究法进行国内外关于农村产业融合研究的文献综述，基于相关学者的研究分析了农村产业融合发展的内涵、研究方法、研究成果和存在的问题，分析了农民增收的路径、方法及困难，进而提出本书的创新点。

1.2.2.2　理论分析法

本书第 3 章运用理论分析法论述了农村产业融合相关的产业链理论、产业结构优化理论和农业多功能性理论，从农民收入结构的角度分析了农村产业融合影响农民增收的内在逻辑。

1.2.2.3　客观赋权法

本书第 4 章通过构建综合评价指标体系，利用熵值法对各指标客观赋权，加权求和测算融合度。

1.2.2.4　计量分析法

本书第 5 章采用相关性分析法检验农村产业融合与农民收入的相关性；构建 PVAR 模型并通过格兰杰因果检验分析了农村产业融合与农民增收之间的因果关系；构建面板数据模型研究了农村产业融合对农民增收的影响程度。

1.2.2.5　灰色关联分析法

本书第 5 章通过构建面板灰色关联分析模型，研究了农村产业融合体系中各指标与农民收入的关联程度。

1.2.3　研究内容

本书以农村产业融合为研究对象，以促进农民增收为目标，研究了农村产业融合对农民增收的影响效应与两者的内在联系。其主要内容如下：

第 1 章绪论，简述了本书的研究背景与意义，介绍了本书的研究思路、研究方法和研究内容，并指出可能的创新点与不足。

第 2 章相关理论与文献综述，从产业融合理论研究、农村产业融合发展研究、农村产业融合与农民增收的关系研究三部分进行了国内外研究综述，并指出研究过程中依然存在的不足。首先是在农村产业融合发展评价指标体系的构建方面。农村产业融合发展过程复杂，融合过程中存在多个新兴产业，而新兴产业的数据收集困难，如农村电商交易数据无法直接从相关部门及研究机构获得，因此农村产业融合评价指标体系的构建没有统一的架构，多是从各地区数据可得性入手，科学性不足。其次是在发展效应与机制方面。当前关于动力机制的理论分析较多，但缺乏关于农村产业融合机制运作的实证检验。最后是在农村产业融合与农民增收的关系方面。目前的国内外研究中，对两者间深层次内在逻辑的分析较少，缺乏对农村产业融合发展促进农民增收的主要因素分析以及如何促进增收的问题研究。上述问题有待我们进一步实证研究。

第 3 章相关理论与影响机理分析，主要论述了农村产业融合的相关理论基础，梳理了农村产业融合对农民增收影响的内在逻辑。本书中的农村产业融合发展过程就是农村产业结构调整优化、不断合理和高级化的过程。一方面，农业产业内部结构优化。农村发展特色农产品，形成产业集聚，农业产业化组织、龙头企业数量增加，促进农业供给侧结构性改革，从而增加农产品价值，实现农业产业结构优化。另一方面，三次产业间的结构优化。农产品加工业的快速发展，体现了农业与工业的融合；休闲农业与乡村旅游、创意农业的出现，体现了农业与旅游业和文娱产业的融合。农村第一、第二、第三产业的融合发展促进了农业产业结构优化，推动了农村经济转型。

第 4 章农村产业融合与农民增收的现状分析，利用相关数据构建评价指标体系，对全国各省份和西部地区 6 省份（四川省、云南省、贵州省、陕西省、甘肃省、宁夏回族自治区）2008—2017 年的农村产业融合度进行测算；分析西部地区 6 省份农村产业融合度在全国的排名情况，以及

2008—2017 年的农村产业融合变动情况；分析西部地区及 6 省份农民收入的时序变动、地区差异和收入来源结构差异。本章根据评价指标体系计算西部地区 6 省份的农村产业融合度，发现西部地区的农村产业融合水平整体偏低，与东部地区农村产业融合发展水平存在较大差距，且西部地区 6 省份之间的发展也不均衡。本章通过测算 2008—2017 年西部地区 6 省份的农村产业融合水平得出结论，即这些年来农村产业融合发展水平呈持续上升态势，其中四川省于 2017 年步入农村产业融合发展成长阶段，其他 5 个省份处在农村产业融合发展起步阶段。

第 5 章农村产业融合对农民增收影响的实证研究，分别利用西部地区 6 省份的时间序列进行相关性检验，初步判断农村产业融合与农民增收的线性相关性。结果表明，相关系数均在 0.9 以上，农村产业融合与农民增收之间存在显著相关关系。本章利用西部地区 6 省份 2008—2017 年的面板数据构建 PVAR 模型，分析农村产业融合与农民增收之间的动态关系，检验两者间的因果关系。检验结果表明，农村产业融合与农民增收之间不是互为因果的关系，滞后一期的农村产业融合对农民收入有显著影响。本章通过构建面板数据模型进行农村产业融合对农民增收的影响程度研究，研究发现，农村产业融合对农民增收有显著的正向促进效应，农村产业融合度每增加 1%，就能促使农民收入增加约 0.207%。本章还运用灰色关联分析法分析了农村产业融合评价体系中各指标与农民收入及构成部分的关联程度，结果显示，农村产业融合影响农民增收的主要因素是农产品加工业总产值、乡村旅游总收入、设施农业面积占比、农村每万人拥有农民专业合作社数量、休闲农业经营主体数量和农业机械化水平。

第 6 章农村产业融合对农民增收的影响——案例分析，主要以四川省南充市西充县为例，通过对其发展情况及相关特点进行介绍，说明了农村产业融合发展对农民增收的影响。

第 7 章结论与建议，重点提出：①发展农产品精加工产业，延长农业产业链；②整合旅游资源，大力发展休闲农业；③大力发展设施农业，完善现代化农业生产体系；④培育多元化融合主体，为融合发展提供动力。

本书的研究路线如图 1.1 所示。

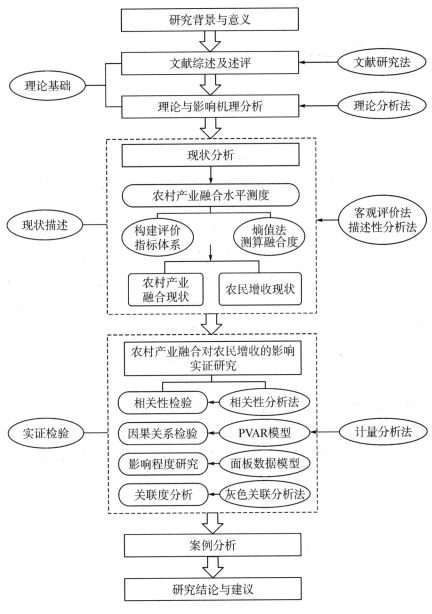

图 1.1 研究路线

1.3　创新点与不足

本书的创新点主要有以下两点：

一是研究角度的创新。目前关于农村产业融合与农民增收的研究大多以经济发展发达的地区为研究对象，本书则是从不同的角度，以经济发展相对较弱的西部地区部分省份为研究对象，对西部地区农村产业融合发展的推进和促进农民增收路径起到了启示作用。

二是研究内容的创新。目前关于农村产业融合与农民增收的关系的研究大多是直接构建模型估计农村产业融合对农民收入的影响，并没有验证两者间的因果关系，从不同角度分析农村产业融合影响农民增收的主要因素的较少。本书在研究农村产业融合对农民收入的影响之前，检验了农村产业融合与农民增收的因果关系；从时序、截面、收入结构的角度，实证研究了农村产业融合发展影响农民收入的主要因素。

本书还存在一些不足之处，主要来自数据采集方面。一方面，由于部分数据无法获得且收集时间较短（如农村网络零售数据），其没有被纳入农村产业融合评价指标体系；另一方面，本书只收集了西部地区有代表性的 6 个省份的省级面板数据，没有考虑市级层面，造成研究区域局限。

2 相关理论与文献综述

2.1 产业融合理论研究综述

2.1.1 国外研究综述

产业融合的概念起源于技术变革引起的产业之间技术的相互联结。20世纪20年代,美国经济学家 Rosenberg(1963)提出了技术变革的重要性,他认为产业融合是技术融合,是相似技术应用在相关产业共享技术的现象[①]。1978年,Nicholas Negroponte 认为当一个行业的创新和进步开始显著影响或改变其他行业的产品研发、竞争并创造价值的时候,就产生了技术融合。融合导致的竞争使得产业间的产品或服务融合越来越多;而融合产生的趋同导致产业间的边界模糊,产业间共享相似的竞争[②]。随着市场开放、放松管制,产业融合不再单指技术融合,欧盟委员会(European Commission,1997)在发表的绿皮书中指出,产业融合不仅是产业间的技术融合,还涉及产品、服务和市场的融合[③]。Preschitschek et al.(2013)认

---

① ROSENBERG N. Technological Change in the Machine Tool Industry:1840-1910 [J]. Journal of Economic History, 1963 (23):414-446.

② NICHOLAS N P. Industry Evolution and Competence Development:he Imperatives of Technological Convergences [J]. International Journal of Technology Management, 1975, 19 (7-8):726.

③ EUROPEAN COMMISSION. Green Paper on the Convergence of Telecommunications, Media and Information Technology Sectors, and the Implication of Regulation [EB/OL]. (1997-12-03) [2021-03-17]. http://www.isop.ece.be.

为，产业融合使相关企业面临各种挑战，产业融合的程度强弱和企业的反应速度会成为其未来成功的关键①。Namil Kim et al.（2015）认为，由于技术生命周期的加快和市场技术的快速饱和，企业不仅加快了技术创新的速度，而且还通过结合其他市场的产品或服务特点，扩大了产品或服务的范围，最终导致产业融合②。

学者们还从产业边界或组织的角度解释产业融合。例如，Greenstein S et al.（1997）认为产业融合出现后，因产业自身的成长使得产业间的边界开始收缩甚至消失③；日本学者植草益（2001）以信息通信业为例，认为政府对产业放宽限制降低了行业间的壁垒，不同行业间形成竞争关系，技术革新会产生新的替代性服务和产品④；Jonas Lind（2005）认为，产业融合一方面重新定义了市场或产业的边界，另一方面又是对技术变革产生的市场/产业的重新定义⑤；S. Bornkessel et al.（2014）认为跨行业创新的相关性有所提高，越来越多的跨行业领域出现在以前不同的行业之间的边界上⑥；Wali et al.（2014）认为，工业、农业和服务业的融合是一个地区的经济基础，工业发展是发展农村地区最重要的工具，产业融合可以提供就业需求，吸收剩余劳动力，从而增加本地区的经济收入，提高个人的收入⑦。

随着产业融合带来的技术革新，产业融合的研究领域不再局限于信息

---

① PRESCHITSCHEK, NINA, NIEMANN, et al. Anticipating industry convergence: semantic analyses vs IPC co-classification analyses of patents [J]. Foresight: The Journal of Futures Studies, Strategic Thinking and Policy, 2013, 15 (6): 446-464.

② KIM N, LEE H, KIM W, et al. Dynamic patterns of industry convergence: Evidence from a large amount of unstructured data [J]. Research Policy, 2015, 44 (9): 1734-1748.

③ GREENSTEIN S, KHANNA T. What does industry convergence mean? [C]. Harvard Business Review Press, 1997: 201-226.

④ 植草益. 信息通讯业的产业融合 [J]. 中国工业经济, 2001 (2): 24-27.

⑤ LIND J. Ubiquitous convergence: Market redefinitions generated by technological change and the Industry Life Cycle [C]. DRUID Academy Winter 2005 Conference, 2005.

⑥ BORNKESSEL S, BRÖRING S, OMT A O, et al. Analysing indicators of industry convergence in four probiotics innovation value chains [J]. Journal on Chain and Network Science, 2014, 14 (3): 213-229.

⑦ WALI, AYID A. The role of geography in the analysis of industrial development strategies within the spatial organisation of a region [J]. Bulletin of Geography. Socio-economic Series, 2014, 24 (24): 231-244.

通信行业，学者们在旅游业、制造业、农业等领域进行了定性或定量分析，研究内容从内涵扩展到产业融合的效应、类型、水平测度。例如，Hacklin et al.（2005）认为，技术融合带来的突破性创新有助于新兴工业某些领域的发展，从而支持在这一领域采取行动的公司的战略规划和技术管理[1]；Pennings et al.（2001）探讨了产业融合现象，发现随着时间的推移，市场变得越来越相似，这一过程导致产业边界的突破，并给企业带来战略上的挑战，因此市场融合的发展成为经济增长的动力，它能够促进产业间的竞争合作以及产业结构的调整升级[2]；Youngjung Geum et al.（2016）研究了不同产业之间的融合，发现当前的创新模式正在发生变化，不再是只发生在单一产业内，而是由产业融合促进创新[3]。

2.1.2　国内研究综述

国内关于产业融合的研究起步稍晚于国外，国内学者最早的研究是于刃刚（1997）提出的因为农业产业化发展、科学进步及服务业的渗透，促使了第一、第二、第三产业之间的产业融合发展[4]。马健（2002）对西方学者关于产业融合理论的研究进行综述，从产业融合产生的原因、条件、效应几个方面阐述了产业融合的内涵：产业融合产生的内在原因是技术进步，外在原因是放松管制，产生条件是技术融合，产业融合改变了企业间的竞争关系，模糊了产业界限，优化了产业结构[5]。研究产业融合系统的学者之一周振华（2003）认为，产业融合改变了原有的产业构架，打破了原来明确的技术、业务、市场和运作的边界特征，形成了新的产业革命，

---

① HACKLIN F, RAURICH V, MARXT C. Implications of Technological Convergenceon Innovation Trajectories：The Case of ICT Industry［J］. International Journal ofInnovation and Technology Management，2005，2（3）：313-330.

② PENNINGS J M, PURANAM P. Market Convergence and Firm Strategy：towards asystematic analysis［J］. Retrieved August，2003，99（3）：483-499.

③ GEUM Y, KIM M, LEE S. How industrial convergence happens：A taxonomical approach based on empirical evidences［J］. Technological Forecasting & Social Change，2016，107.

④ 于刃刚. 三次产业分类与产业融合趋势［J］. 经济研究参考，1997（1）：46-47.

⑤ 马健. 产业融合理论研究评述［J］. 经济学动态，2002（5）：78-81.

增强了企业的竞争性，塑造了新市场的结构，促进了资源合理配置①。

关于产业融合效应，单元媛和罗威（2013）通过灰色关联系数法分析了电子信息业与制造业融合与产业结构变化的关系，结果表明，技术融合引发产业融合，而产业融合促进产业结构优化升级，电子信息业与制造业的技术融合极大地促进了制造业结构升级，间接推动了三次产业结构变化②。赵珏和张士引（2015）以中国推进"三网融合"为例，系统分析产业融合的效应，认为产业融合是通过产业内生增长和产业间的重组来促进产业发展；产业融合促进产业间有效竞争和横向产业联合；产业融合使产业多元化并行发展，促进产业结构调整升级，并促进柔性化产业结构的形成③。陶长琪和周璇（2015）在产业融合的背景下，依据信息产业与制造业间的耦联对我国产业结构优化升级的空间效应开展定量研究，并以此量化产业融合对产业结构优化升级的影响，细化产业耦联对产业结构优化升级的作用机理及作用力度。结果表明，除广东省和江苏省外，我国信息产业与制造业间的耦联协调度属普遍不协调；区域产业耦联对产业结构优化升级表现出空间相关性及与区域经济发展的一致性④。

2.2 农村产业融合发展研究综述

2.2.1 关于农村产业融合发展的内涵

最初关于农村产业融合的提法是与其概念相似的农业"六次产业化"，日本学者今村奈良臣于1994—1996年先后提出并修改了农业"六次产业

---

① 周振华. 产业融合：产业发展及经济增长的新动力 [J]. 中国工业经济，2003（4）：46-52.

② 单元媛，罗威. 产业融合对产业结构优化升级效应的实证研究 [J]. 企业经济，2013（8）：49-56.

③ 赵珏，张士引. 产业融合的效应、动因和难点分析：以中国推进"三网融合"为例 [J]. 宏观经济研究，2015（11）：56-62.

④ 陶长琪，周璇. 产业融合下的产业结构优化升级效应分析：基于信息产业与制造业耦联的实证研究 [J]. 产业经济研究，2015（3）：21-31，110.

化",将"六次产业化"从第一、第二、第三产业的和改为乘积,认为"六次产业化"不应是将农村地区农业、工业与服务业简单地相加,而应该是将它们相乘,农业是农业"六次产业化"的基础,若第一产业为零,"六次产业化"将不存在。农村地区第一产业与第二、第三产业交叉重叠,只有紧靠农业发展,才能让农民分享农产品加工和流通过程中的利润。

关于"农业产业融合"的概念,学者们有两种典型的界定:一种概念认为农业产业融合是农业与第二、三产业关联,表现为农业技术、农业产品与服务、农业市场与其他非农产业融合,发挥除生产功能外的职能与价值(何立胜 等,2005)[①];另一种概念则认为农业产业融合是发生在农业产业内部的不同行业间,或者是发生在有密切相关性的产业间,产业的产品或服务由独立状态重新融合为一体(王昕坤,2007)[②]。

随着 2015 年"农村产业融合发展"的提出,2015 年之后出现了大量关于农村产业融合发展的研究,对其概念及相关政策解读得更深入、清晰。例如,姜长云(2015)认为,农村产业融合发展的路径是农村第一、第二、第三产业间的融合渗透和交叉重组,表现为产业链延伸、产业功能的转型和范围拓宽,改变产业发展方式,形成新技术、新业态和新商业模式[③];赵海(2015)从政策背景和理论渊源探讨了农村产业融合的概念内涵,认为从产业链、价值链的角度分析,农村产业融合发展是农业产业组织通过产业链条延伸和利益机制完善,使农民分享增益,形成农产品生产、加工、销售等环节融合的产业形态[④];苏毅清等(2016)从分工理论的角度重新定义了农村第一、第二、第三产业融合,即第一产业(农、林、牧、副、渔等)的细分产业与第二产业、第三产业的细分产业在农村区域实现产业间分工的内部化[⑤];赵霞等(2017)界定农村三次产业融合

① 何立胜,李世新.产业融合与农业发展 [J].晋阳学刊,2005(1):37-40.
② 王昕坤.产业融合:农业产业化的新内涵 [J].农业现代化研究,2007(3):303-306,327.
③ 姜长云.推进农村一二三产业融合发展新题应有新解法 [J].中国发展观察,2015(2):18-22.
④ 赵海.论农村一二三产业融合发展 [J].农村经营管理,2015(7):26-29.
⑤ 苏毅清,游玉婷,王志刚.农村一二三产业融合发展:理论探讨、现状分析与对策建议 [J].中国软科学,2016(8):17-28.

的概念为农村三次产业融合是以第一产业为依托，以农民和相关生产经营组织为主体，通过技术渗透、产业间延伸、创新体制机制等方式，有机整合农业生产、加工、销售及其他服务业，使得农业产业链较为完整，促进农村第一、第二、第三产业的协同发展[①]；孟秋菊（2018）通过梳理有关农村产业融合内涵的研究文献认为，农村产业融合的思想与农业"六次产业化"相似，对于农村产业融合的名称多样化，既可称为"农业产业融合"，又可称为"农村第一、第二、第三产业融合"，它是一个长期发展的过程，其基础是农业，引领主体是新型农业经营主体，联结纽带是利益联结机制，典型特征是新业态形成、产业链延伸和产业功能拓展，最终目标是实现农业、农民、农村的增效、增收和繁荣[②③]。

2.2.2 关于农村产业融合发展的效应与机制

产业融合对产业发展与产业结构优化升级有较大影响。农村产业融合是产业融合在农村经济的体现和实践，是产业融合中的特殊的一种。马晓河（2015）从农民、农业、农村方面表述了推进农村产业融合发展的好处，认为其有利于农民分享融合过程中产生的红利，有利于农业实现现代化发展，有利于新农村的建设[④]。梁伟军（2011）从宏观层面和微观层面分析了农业与其他相关产业融合产生的经济效应。从宏观上讲，农村产业融合推动了经济增长、优化了资源配置、增进了社会福利、提升了产业竞争力；从微观上讲，农村产业融合改变了单一的农业结构、促进了农民的收入增长、改善了农村的生态环境[⑤]。梁树广和马中东（2017）认为，产业融合使农业的市场边界发生移动，改变了传统市场的结构形态，农业产

① 赵霞，韩一军，姜楠. 农村三产融合：内涵界定、现实意义及驱动因素分析 [J]. 农业经济问题，2017，38（4）：49-57，111.

② 孟秋菊. 农村产业融合的内涵研究 [J]. 四川理工学院学报（社会科学版），2018，33（2）：76-83.

③ 四川文理学院，中国人民银行达州市中心支行联合课题组，孟秋菊. 我国农村产业融合发展的金融支持研究 [J]. 西南金融，2018（3）：16-22.

④ 马晓河. 推进农村一二三产业深度融合发展 [J]. 中国合作经济，2015（2）：43-44.

⑤ 梁伟军. 产业融合视角下的中国农业与相关产业融合发展研究 [J]. 科学经济社会，2011，29（4）：12-17，24.

业融合影响市场结构，也会冲击原有的供应商模式，改变了市场行为，体现了竞争性效应，产业融合会使农业沿着产业结构变动规律，向规模化、高效率、高附加值和深加工度化方向发展①。

产业融合由技术革新、放松管制推动发展，对于农村产业融合，我们可以从不同层面分析其融合机制。梁伟军（2010）从纵、横两个方向分析了农业产业融合发展的机制。从纵向来看，他认为农业产业融合延长了农业纵向产业链、提高了农业附加值、降低了交易成本、使公司与农户建立了节约交易成本的契约关系；从横向来看，他认为农业产业融合可以细分为拓宽型融合和整合型融合两种类型②。梁立华（2016）认为，农村地区三次产业融合的动力机制有三点：首先，其最核心的动力是降低贸易者的贸易成本；其次，三次产业融合的关键是科技、组织和制度创新的驱动力量，其中最主要的是科技创新；最后，即前面两者相互结合带来的双重动力③。刘国斌和李博（2019）从四个层面分析了农村第一、第二、第三产业融合的作用机制：从技术层面来看，以技术创新为动力为农村第一、第二、第三产业融合提供技术支撑；从市场层面来看，以要素资源自由平等流动为支点提供市场支撑；从社会组织层面来看，以利益共享为纽带提供社会组织保障；从政府层面来看，以政府制度供给为引领提供政府帮扶④。

2.2.3 关于农村产业融合的水平测度

农村产业融合是农村地区第一、第二、第三产业间的融合，其复杂性决定了不可能用单一指标来测度其融合水平，因此我们在融合水平定量测度前需要先确定融合水平指标体系。关于农村产业融合评价指标体系的构建，唐超和胡宜挺（2016）根据农业产业链延伸、农业多功能性、农业服

---

① 梁树广，马中东. 农业产业融合的关联度、路径与效应分析 [J]. 经济体制改革，2017 (6)：79-84

② 梁伟军. 交易成本理论视角的现代农业产业融合发展机制研究 [J]. 改革与战略，2010，26 (10)：87-90.

③ 梁立华. 农村地区第一、二、三产业融合的动力机制、发展模式及实施策略 [J]. 改革与战略，2016，32 (8)：74-77.

④ 刘国斌，李博. 农村一二三产业融合发展研究：理论基础、现实依据、作用机制及实现路径 [J]. 治理现代化研究，2019 (4)：39-46.

务业发展三方面来构建指标体系，因此他们选取了农产品加工业年主营收入、种业收入、农民专业合作社较上年增加数量和休闲农业年接待旅游人次四个指标来反映农业产业链的延伸情况，选取了休闲农业年营业收入、设施农业收入和化肥使用强度三个指标来反映农业多功能性发挥情况，还选取了涉农贷款年增加额，农、林、牧、渔、服务业产值以及农村固定投资增速三个指标来反映农业服务业的发展情况①。

也有学者认为，我们应该从新发展理念——创新、协调、绿色、开放、共享出发来构建评价指标体系，对不同地域进行横向比较，对不同时期进行纵向比较（关浩杰，2016）②。杨阿维（2021）以新发展理念（创新、协调、绿色、开放、共享）作为理论依据研究了城乡融合发展，选择可以全面、真实地反映出城乡融合发展状况的指标来构建测度指标体系。然而，目前还没有一个统一标准来构建农村产业融合度的评价指标体系③。

农村产业融合发展的研究从定性分析发展到定量分析，从理论研究扩展到构建评价指标体系，并运用不同的测度方法测算农村产业融合水平。王玲（2017）基于农村产业融合的内涵从五个层面（除了产业链延伸、多功能性发挥、农业服务业融合之外，还有农民增收就业和城乡一体化）构建了融合水平评价体系，运用熵值法测算了融合水平④。王艳君等（2016）采用产值贡献度法、主成分分析法，以四川省为对象，评价了第三产业的几个细分部分（住宿和餐饮业、房地产业、租赁和商务服务业、金融业和其他服务业等）与农业的融合程度⑤。李芸等（2017）提出以农业为依托，以产业链延长、农业多功能拓展、农民增收为核心要素的农业产业融合概念，从三个层次构建了指标体系，利用层次分析法，评估了北京市的农业

① 唐超，胡宜挺. 农村产业融合收入效应分析：来自北京市的经验数据［J］. 新疆农垦经济，2016（11）：12-19.
② 关浩杰. 农村产业融合发展综合评价指标体系如何构建［J］. 人民论坛，2016（20）：52-54.
③ 杨阿维. 新发展理念视域下城乡融合发展水平测度［J］. 商业经济研究，2021（2）：190-192.
④ 王玲. 江苏省农村产业融合水平测度与区域差异分析［J］. 农业经济，2017（6）：21-22.
⑤ 王艳君，谭静，雷俊忠. 农业与其服务业间产业融合度实证研究：以四川省为例［J］. 农村经济，2016（12）：82-87.

产业融合水平[1]。曹祎遐等（2018）选用相关省份的投入产出表，建立以完全消耗系数和完全分配系数为基础的指标系列，应用灰靶决策模型，对农业与第二、第三产业的融合度系数进行了测算[2]。陈学云（2018）以第一、第二、第三产业作为系统耦合的三个子系统构建模型体系，采用地区三次产业的规模指标、成长指标和绩效指标三个体系评价融合发展水平，测度三次产业存在相互作用的影响程度，用以反映农村第一、第二、第三产业融合的水平，客观评价我国农村第一、第二、第三产业的融合状况[3]。程莉和孔芳霞（2020）以长江上游地区为例，从农业内部整合型融合、农业产业链延伸型融合、农业功能拓展型融合、先进技术对农业渗透型融合四个层面构建了农村产业融合发展评价指标体系，并借助耦合协调度模型、熵值法综合评价了农村产业融合发展的水平[4]。

2.3 农村产业融合与农民增收的关系研究综述

推进农村第一、第二、第三产业融合的最终目的是提高农民收入。农村产业融合是农村地区三次产业的相互融合和延伸，能够促进农村产业结构调整与优化升级。农业在早期三次产业中的占比较高，但一些研究认为，农村产业融合对农民收入影响不大。宋洪远（2000）认为，从宏观上看，农村产业结构调整对农民是否有增收效应存在争议。张明林等（2002）则否定了农业结构调整对农业收入提高有正向作用，认为随着我国农产品市场日趋完善、成熟，农业结构调整对整个国家的农业收入提高

---

① 李芸，陈俊红，陈慈. 农业产业融合评价指标体系研究及对北京市的应用 [J]. 科技管理研究，2017，37（4）：55-63.
② 曹祎遐，耿昊裔. 上海都市农业与二三产业融合结构实证研究：基于投入产出表的比较分析 [J]. 复旦学报（社会科学版），2018，60（4）：149-157.
③ 陈学云，程长明. 乡村振兴战略的三产融合路径：逻辑必然与实证判定 [J]. 农业经济问题，2018（11）：91-100.
④ 程莉，孔芳霞. 长江上游地区农村产业融合发展水平测度及影响因素 [J]. 统计与信息论坛，2020，35（1）：101-111.

不会产生显著性影响①。赵晓峰等（2012）认为，农业结构调整对农户家庭收入的显著影响表现在微观上，宏观上没有显著影响②。近年来关于农村产业融合对农民收入的影响，多数研究表明农村产业融合对农民收入有积极影响，如李云新等（2017）基于对 345 个农户调查的 PSM 分析法，实证研究了农村产业融合对农户收入的影响，得到了农村产业融合相较于单一传统农业模式的农户增收效应在 50% 以上，且农村产业融合是促进农民增收的关键路径的结论③。也有研究认为，农村产业融合与农民收入提高是相互促进的。李乾等（2018）基于实地调研探索认为，农村产业融合与农民增收之间有良好的互动互促关系，其中农村产业融合促进农民增收的路径有土地、劳动力、产品、资金、技术和物质，同时农民增收对农村产业融合做出了积极的反馈，如促进农民主动参与、创造经营体条件、改善融合环境等④。孔德议等（2019）通过格兰杰因果关系检验了农村产业融合与农民增收的关系，结果表明农村产业融合对农民增收有显著正向影响。而与李乾等（2018）的研究结论不同的是，孔德议等（2019）认为农民增收对农村产业融合没有促进作用⑤。综合来说，农村产业融合对农民增收是有促进作用的。

关于农村产业融合促进农民增收的路径或对策。黄祖辉（2016）认为，农村第一、第二、第三产业融合中要让农民分享收益，关键是要选择恰当的转型途径和扶持政策，注重农业规模经营的适度性和多样化，构建多元化的以农民专业合作组织为核心的农业服务体系，建立与农业纵向融合的经营和利益机制⑥。郭军等（2018）通过河南农村第一、第二、第三

---

① 张明林，黄国勤.农业结构调整的经济学思考及分析 [J].江西农业大学学报（社会科学版），2002（2）：11-14.

② 赵晓锋，张永辉，霍学喜.农业结构调整对农户家庭收入影响的实证分析 [J].中南财经政法大学学报，2012（5）：127-133，144.

③ 李云新，戴紫芸，丁士军.农村一二三产业融合的农户增收效应研究：基于对 345 个农户调查的 PSM 分析 [J].华中农业大学学报（社会科学版），2017（4）：37-44，146-147.

④ 李乾，芦千文，王玉斌.农村一二三产业融合发展与农民增收的互动机制研究 [J].经济体制改革，2018（4）：96-101.

⑤ 孔德议，陈佑成.乡村振兴战略下农村产业融合、人力资本与农民增收：以浙江省为例 [J].中国农业资源与区划，2019，40（10）：155-162.

⑥ 黄祖辉.在一二三产业融合发展中增加农民收益 [J].中国合作经济，2016（1）：23-26.

产业融合案例研究，提出多种影响农民收入的农村产业融合模式，通过多个案例分析，总结农民增收的路径，包括土地租让或入股、政府补贴、"企业+农户"、农民返乡和线上线下等多种方式①。曹祎遐等（2019）利用非线性门槛回归实证分析了农村产业融合促进农民增收的机制，研究表明，只有农村人力资本、文体娱乐固定资产投资水平达到一定的水平，农、林、牧、渔固定资产投资在合理区间，才能在农村产业融合过程中最大限度地推动农民增收②。研究农村产业融合如何推进农民增收的建议较多，根据不同的实证研究方法和研究对象，对于如何促进农民收入增长的建议也不同。

2.4　文献述评

产业融合是指产业演变和发展的进程中，技术革新和放松管制打破了原有的产业边界，产生的技术、市场、服务和产品融合，产业间出现交叉、渗透和整合，产业组织重组的现象。产业融合的概念起源于技术变革引起的产业之间技术的相互联结，随着开放市场和放松管制，产业融合不再单指技术融合，还涉及产品、服务和市场的融合。随着产业融合带来的技术革新，产业融合的研究领域拓展到信息通信业、旅游业、制造业、农业等领域，研究内容从内涵扩展到产业融合的效应、类型、水平测度。

农业产业融合是农业与第二、第三产业的关联，表现为农业技术、农业产品与服务以及农业市场与其他非农产业融合，发挥除生产功能外的职能与价值。农业产业融合发生在农业产业内部的不同行业间，产业的产品或服务由独立状态重新融合为一体。随着 2015 年"农村产业融合发展"的提出，2015 年之后出现了大量关于农村产业融合发展的研究，使我们对

---

① 郭军，张效榕，孔祥智. 农村一二三产业融合与农民增收：基于河南省农村一二三产业融合案例 [J]. 农业经济问题，2019（3）：135-144.

② 曹祎遐，黄艺璇，耿昊裔. 农村一二三产融合对农民增收的门槛效应研究：基于 2005—2014 年 31 个省份面板数据的实证分析 [J]. 华东师范大学学报（哲学社会科学版），2019，51（2）：172-182，189.

其概念及相关政策解读得更加深入、清晰。产业融合对产业发展与产业结构优化升级有较大影响。农村产业融合是产业融合在农村经济的体现与实践，是产业融合中的特殊的一种。

产业融合由技术革新、放松管制推动发展，农村产业融合可以从不同层面分析融合机制，包括技术层面、市场层面、社会组织层面和政府层面。从纵向上看，农业产业融合延长了农业纵向产业链、提高了农业附加值；从横向上看，农业产业融合细分为拓宽型融合和整合型融合两种类型。

目前，农村产业融合已具备一定的理论基础，但研究框架还需进一步完善。多数文献是在中央文件提出推进农村产业融合发展之后出现的，主要集中在内涵解读、发展效应和机制、定量测度、对农民增收的影响等方面，综合学者们对农村产业融合内涵的解释，"农村产业融合"可定义为以农业为基础，通过技术渗透打破农产品生产、加工、销售相互独立的状态，延伸农业产业链，发挥农业多种职能，增加农业附加值，实现第一、第二、第三产业协同发展，促进农民增收的长期发展过程。

我们在研究过程中依然存在不足：第一，农村产业融合发展评价指标体系的构建方面。农村产业融合发展过程复杂，融合过程中存在多个新兴产业，而新兴产业的数据收集困难，如农村电商交易数据无法直接从相关部门及研究机构获得，因此农村产业融合评价指标体系的构建没有统一的架构，多是从各地区数据可得性入手，科学性不足。第二，发展效应与机制方面。当前关于动力机制的理论分析较多，但缺乏关于农村产业融合机制运作的实证检验。第三，农村产业融合与农民增收的关系方面。现有研究对两者间深层次内在逻辑分析的较少，缺乏对农村产业融合发展促进农民增收的主要因素分析以及如何促进增收的问题研究，上述问题可以进一步进行实证研究。

3　相关理论与影响机理分析

3.1　农村产业融合相关理论

农村产业融合也称"农村一二三产业融合"，本书所提的农村产业融合均指"农村一二三产业融合"。从国内外理论研究及实践来看，农村产业融合的内涵可总结为：以农业为基础，以农民和经营组织为主体，传统农业的单一生产功能向多种功能拓展，通过技术渗透、产业链延伸、产业集聚等方式，实现农业向第二、第三产业延伸，与农产品加工、销售、旅游业和服务业相融合，实现农村第一、第二、第三产业协同发展。农村产业融合涉及的理论基础有：产业链理论、产业结构优化理论、农业多功能性理论和产业融合理论。

3.1.1　产业链理论

产业链是指行业或产业间各个部门有一定的技术经济联系，是产业经济学中相对宏观的概念。产业链的形成原因是实现产业价值最大化，用来形容有内在联系的企业群，产业链包含价值链和供应链。

农业产业链属于产业链中特殊的一种，是指从农业资源到消费品的整个过程中所有环节的总和（詹瑜 等，2012）[①]。农业产业链也包括农业价

---

① 詹瑜，崔蒐. 农业产业链理论与实证研究综述［J］. 贵州农业科学，2012，40（5）：214-218.

值链和农产品供应链，基本链条由农产品生产、加工、储存、流通、销售环节联结而成，农业科技创新、技术推广、农业资金投入与基本环节相连成为辅助链条。农业产业链借助交易费用理论，实现交易成本最小化、农产品增值和农产品利润最大化。本书研究的农村产业融合就是通过延伸农业产业链，最终实现农产品附加值增加，农民分享产业链附加值。农业产业链的研究包括对农业产业链组织结构的研究、信息管理系统和技术创新体系的研究、产业链价值分布的研究、风险管理的研究。

3.1.2 产业结构优化理论

产业结构优化是指第一、第二、第三产业占国内生产总值（GDP）的比重不断变化，结构不断调整趋于合理化、高级化，实现产业协调发展，产业与产业之间的关联度与协调能力提高。库茨涅兹（1941）提出，随着时间增加，农业部门实现的国民收入比重会不断下降，工业和服务业部门的收入比重会不断上升。中国自改革开放以来，产业结构不断升级优化，城镇化水平快速提升、农村劳动力向城市大规模转移，产业结构形成"库茨涅兹化"变化。何德旭和姚战琪（2008）认为，未来中国经济结构调整的主要任务是产业结构的优化和升级，改变中国经济结构和产业结构不合理的主要途径是实现经济集约化发展，转变经济增长方式，提高生产要素的利用效率，提高资源的再配置效应，发挥技术创新的积极作用，通过产业结构的优化促进经济增长[1]。刘琳（2016）认为，产业结构优化是产业发展的关键，要想推动区域经济进步，欠发达地区就要规制产业结构优化方向，发展主导产业[2]。

本书中的农村产业融合发展过程就是农村产业结构调整优化，不断合理化和高级化的过程。这一方面是指农业产业内部结构优化，即发展特色农产品，形成产业集聚，使农业产业化组织、龙头企业数量增加，促进农

---

① 何德旭，姚战琪. 中国产业结构调整的效应、优化升级目标和政策措施 [J]. 中国工业经济，2008（5）：46-56.

② 刘琳. 基于产业结构理论的欠发达地区产业结构优化研究 [J]. 学术论坛，2016，39（8）：58-62.

业供给侧结构性改革，从而增加农产品价值并实现农业产业结构优化。另一方面是指三次产业间的结构优化，即农产品加工业的快速发展，体现了农业与工业的融合；休闲农业与乡村旅游、创意农业的出现，体现了农业与旅游业、文娱产业的融合。由此可见，农村第一、第二、第三产业的融合发展促进了农业产业结构优化，推动了农村经济转型。

3.1.3 农业多功能性理论

农业多功能性理论是随着社会经济的发展出现的，最早出现于20世纪80年代末。日本"稻米文化"提出水稻的功能不只是生产稻米，它还传承了文化、保护了土壤，体现了多种价值。其后，1992年通过的《21世纪议程》提出了"农业多功能性"的概念，这一概念被多国组织认同并传播，且它们组织召开了大量关于农业多功能性的会议。1999年日本的《食品、农业和农村基本法》强调了农业多功能性与其在农业农村发展中的重要地位。国内多位学者对农业的多功能类型进行了划分，最少可划分为两种，最多可划分为八种功能。农业多功能性是指农业除了具有提供粮食、经济作物等商品产出的经济功能外，还具有与农村环境、农村农业景观、生物多样性、农村生存与就业、食品质量卫生、国家粮食安全保障、农村农业文化遗产以及动物福利等非商品产出相关的环境和社会功能（陈秋珍等，2007）[1]。农业基本的功能是粮食生产功能，除此之外还有社会、生态环境、文化传承、经济、就业增收等功能（谢小蓉，2011）[2]。

综合国内外学者对农业多功能性的研究，"农业多功能性"可定义为：农业除粮食生产外，还有经济、政治、生态、社会、文化传承、观光休闲、劳动力输出等多种功能，农业的多种功能存在相互促进、相互制约的关系。农村产业融合发展过程中农产品生产、创意农业、休闲农业、乡村旅游和生态农业的出现，体现了农业的生产、文化、生态功能。

---

① 陈秋珍，JOHN SUMELIUS. 国内外农业多功能性研究文献综述 [J]. 中国农村观察，2007（3）：71-79，81.

② 谢小蓉. 国内外农业多功能性研究文献综述 [J]. 广东农业科学，2011，38（21）：209-213.

3.1.4　产业融合理论

产业融合是指由于技术革新和放松管制使得产业之间的界限模糊甚至消失，不同产业间或产业内部相互渗透，技术、产品、服务和市场等产生融合的发展过程。产业融合的条件是新技术的开发，技术进步是内在因素，放松对市场的管制是外在条件。产业融合的效应表现在促进了产业结构优化升级，改变了企业间的竞争关系，企业间的合作形成新的市场，推动新产业的出现。在当前高新技术发达的背景下，行业间交叉融合，不断创新新技术、开发新产品，产业融合成为新的经济增长点。产业融合理论最初应用于信息通信业，现在运用于多个行业，如农业与旅游业融合称为"农旅融合"，文化产业与旅游业融合称为"文旅融合"。

本书的农村产业融合本质上也是产业融合，农村产业融合是产业融合理论在农村地区的实践，是以农业为基础，三次产业间的相互交叉，形成新产业的发展过程，如农村电商就是农业与电子商务业的融合，农产品加工业是农业与工业的融合。农村产业融合就是指农村第一、第二、第三产业之间的融合发展，是产业融合理论的延伸。

3.2　影响机理分析

本节从农民收入结构的角度出发，基于农村产业融合的内涵，对农村产业融合发展与农民增收之间的关系以及农村产业融合对农民增收的影响进行机理分析。其影响归纳如下：

3.2.1　延长农业产业链，增加农产品附加值，提供就业岗位

农村产业融合发展过程中最基本的投入要素是劳动力，即通过转移农村闲置劳动力、返聘农民工来增加农民的工资性收入。农业产业链的延伸增加了农产品附加值，但农民处于农业价值链底端，无法直接分享农产品增加值。农业生产经营范围拓宽，不再局限于农业生产，农业龙头企业、

农产品生产基地、农业产业园区、农民专业合作社等都需要劳动力的投入，使农民通过参与工作获取工资来分享农业产业链附加值，这主要表现为各类农业产业化组织、农业企业、农产品加工企业等，创造了大量就业岗位。农民在种植、养殖的同时，还可以到农业产业链下游的农产品加工环节工作。吸引的人群除农村闲置劳动力外，还有外出务工的农民工。

3.2.2 拓展农业多功能，激活农村活力

农村产业融合发挥农业多功能性，吸引了更多的资本、技术等生产要素投入农村农业，创造了更多的非农经营机会。农业多功能性是指农业除了生产功能外，还包括经济、政治、生态、文化、观光休闲、就业增收等多种功能。农村产业融合正是将农业除生产外的多种功能发挥出来，并挖掘更多的功能，产生了如乡村旅游与休闲农业、绿色农业、康养农业、生态农业、智慧农业等新产业，形成了农村经济新的增长点。农村产业融合发展激活了土地、房屋和金融市场，推动了农村基础设施的建设，农民利用现有房屋开设民宿和农家乐，增加了农民的家庭经营性收入。随着农民专业合作社的建立，农民从中获得农业生产经营等技术服务，在很大程度上提高了其家庭经营性收入。

3.2.3 建立多样化的利益联结机制，创新农业经营体系，分享增值收益

随着农村产业融合的发展，出现了更多不同的融合主体和组织方式，形成了多元化、多样化的利益联结机制，成为农业经营模式的创新亮点。农民可以分享的利益联结机制的增值收益有多种形式，其中主要包括三种：一是土地流转。随着土地流转市场的完善，土地实现规模化生产，家庭农场、农民专业合作社等新型农业经营主体的出现，使农民不仅可以将土地出租收取租金，获取"保底收益"，还可以通过土地入股获得"二次分红"。二是股份合作。农民以土地、资金入股农民专业合作社或龙头企业，以拥有股份的形式分享农民专业合作社或企业销售农产品产生的利润，增加财产性收入。三是订单农业。农民以"订单"的形式与企业、农民专业合作社签订农产品购销合同，企业和合作社为农户提供技术服务、

生产资料等。为规避风险企业与农户提前签订交易协议，企业在农产品销售后获得既定利润，支付农民合同约定的部分，避免农产品市场价格波动导致的损失，农户获得二次收益。这种利益共享、风险共担的机制，大大提高了农民的财产性收入和经营性收入。

以上三种增收路径伴随着政策支持、信贷和财政补贴，增加了农民的转移性收入。

4 农村产业融合与农民增收的现状分析

本书研究了我国农村产业融合对农民增收的影响，主要分析了我国农村产业融合的现状、农民收入的现状和农民增收的途径。我国幅员辽阔，人口众多，历史地理环境造成东、西部地区发展速度不同，两地区经济水平差距较大。为此，本书只选择西部地区部分省份（四川省、云南省、贵州省、陕西省、甘肃省和宁夏回族自治区）进行比较。西部地区各省份经济发展水平相当，地理环境类似，历史背景相同，在这些相同条件下进行比较，有助于各省份认清优势，找到差距。西部地区各省份自然资源丰富、旅游业发达，特色经济和支柱产业的优势明显，近几年按照国家"三农"建设的政策，深化农村改革，实施乡村振兴战略，调整农村产业结构，推进农村产业融合发展，因此以其为例研究农村产业融合对农民增收的影响具有很大的价值。

本章对西部地区6省份的农村产业融合现状与农民增收现状进行分析。首先，以农业产业链延伸、农业多功能性发挥和农业信息服务三方面为准则层，选取了12个指标构建农村产业融合评价指标体系来测算农村产业融合度；其次，通过农村产业融合度测算结果来分析现阶段全国农村产业融合发展水平、西部地区6省份2008—2017年的农村产业融合发展变动情况以及西部地区6省份的农村产业融合发展水平在全国的排名情况；最后，从农民收入整体水平、收入增长率变化、收入结构、城乡收入差距4个方面来定量分析西部地区6省份的农民增收现状。

4.1 农村产业融合水平测度

4.1.1 农村产业融合评价指标体系构建

我们在实证分析西部地区6省份的农村产业融合发展水平时,需要先构建科学的评价指标体系,并测算出可进行定量分析的融合度。目前,学术界关于农村产业融合评价指标体系没有统一的标准,但通过对大量学者的著作进行研究我们发现,关于农村产业融合的评价指标体系存在一定的共性和差异。共性表现在评价角度上,主要是以产业链延伸、农业多功能性和农业信息化等要素融合发展为评价角度;差异表现在指标选取的不同上,因为农村产业融合发展水平需从多方面进行评价,指标选择多样化,指标构建具有一定的复杂性,数据收集有一定难度,因此关于农村产业融合评价的文献中的指标选取各有差异。

本书遵循科学性、数据可得性、指标有代表性原则,借鉴现有关于构建农村产业融合评价指标体系和农业产业化指标体系的研究,以农业产业链延伸、农业多功能性发挥和农业信息服务三方面为准则层,选取了12个指标构建农村产业融合评价指标体系来测算农村产业融合度。目标层为农村产业融合发展,一级指标分别为农业产业链延伸、农业多功能性发挥和农业信息服务。

4.1.1.1 农业产业链延伸

农业产业链延伸包括纵向延伸和横向延伸。所谓纵向延伸,即从纵向角度使产业链向前、向后延伸,主要在农产品加工业上做文章,尽可能地提高农产品精深加工比例,提高农产品附加值,让农民充分享有农业生产、加工、流通等全链条的增值收益,从而促进农业增效,使农民增收;所谓横向延伸,即从横向角度对农业生产的生产环节和产品功能进行拓宽,使农业生产不仅是获得农产品的过程,还可以利用现代化农业的生产性、参与性、实践性、观光性、娱乐性、文化性、市场性等,开发农业观光旅游、农业教育基地、农业科研基地等。因此，我们在农业产业链延伸一级指标下选择 3 个二级指标，分别为农产品加工业总产值 X_1、农产品加工业总产值与农业总产值之比 X_2、农村每万人拥有农民专业合作社数量 X_3。利用农产品加工业总产值及其与农业总产值的比重、农村每万人拥有农民专业合作社数量来表示农业产业链的延伸，考察了农村产业融合发展过程中农产品加工业和新型农业经营主体的发展水平。

4.1.1.2 农业多功能性发挥

农业多功能性发挥主要体现在：农业生产提供安全优质的农副产品，以价值形式体现农业的经济功能；农业自然资源的合理利用、农业环境的合理开发、自然生态的优化调节体现农业的生态功能；农业观光旅游、农业教育、农业科研等通过传承历史文化体现农业的文化功能；农业多功能性还包括促进社会发展、实现国民经济协调发展等功能，且各功能又表现出相互依存、相互制约、相互促进的有机系统特性。因此，我们在农业多功能性一级指标下选择 5 个二级指标，分别为人均主要农产品产量 X_4、乡村旅游总收入 X_5、休闲农业经营主体数量 X_6、化肥和农药施用强度 X_7、设施农业面积占比 X_8。我们利用人均主要农产品产量、乡村旅游总收入、化肥和农药施用强度等，表示农村产业融合发展进程中农业的生产、生态保护、观光休闲等多功能作用的发挥程度。

4.1.1.3 农业信息服务

农业信息服务是现代农业的重要组成内容，推动着现代农业的发展。农业服务业包括第一产业农、林、牧、渔业中的农、林、牧、渔、服务业，以及农村地区的第三产业，包括交通运输、仓储和邮政业，信息传输、计算机服务业，软件业，批发和零售业，住宿和餐饮业，金融业，房地产业，租赁和商务服务业，科学研究、技术服务和地质勘查业，水利、环境和公共设施管理业，居民服务和其他服务业，教育、卫生、社会保障和社会福利业，文化、体育和娱乐业，公共管理和社会组织，国际组织[①]。因此，我们在农业服务一级指标下选择 4 个二级指标，分别为农、林、牧、

---

① 王德萍，孟履巅.中国农业服务业的发展 [J].上海经济研究，2008（8）：13-17.

渔、服务业占比 X_9，涉农本外币贷款额 X_{10}，农业机械化水平 X_{11}，农、林、牧、渔业固定资产投资 X_{12}。我们利用农、林、牧、渔、服务业占比，涉农本外币贷款额，农业机械化水平和农、林、牧、渔业固定资产投资表示农业服务情况，考察了农村产业融合发展中服务于农、林、牧、渔业的各项产业活动，农村金融服务，农业机械化服务情况以及农业基础建设水平，反映了服务于农业的各项活动的发展情况。

农村产业融合评价指标体系如表 4.1 所示。

表 4.1　农村产业融合评价指标体系

目标层	一级指标	二级指标	指标计算及含义
农村产业融合发展	农业产业链延伸	农产品加工业总产值 X_1/亿元	规模以上农产品加工业总产值
		农产品加工业总产值与农业总产值之比 X_2/%	农产品加工业总产值/农业总产值，反映农业与工业的融合水平
		农村每万人拥有农民专业合作社数量 X_3/个	农民专业合作社数量/农村人口，反映新型农业经营主体的发展水平
	农业多功能性发挥	人均主要农产品产量 X_4/千克	粮食、棉花、猪牛羊肉、水产品及牛奶主要农产品人均拥有量
		乡村旅游总收入 X_5/亿元	反映农业与旅游业融合水平
		休闲农业经营主体数量 X_6/个	包括农家乐、休闲观光农庄，反映休闲农业经营规模
		化肥和农药施用强度 X_7/吨·公顷	（化肥施用量+农药施用量）/耕地面积，反映农业生态环境水平
		设施农业面积占比 X_8/%	设施农业面积/耕地面积，设施农业面积是温室面积，反映农业现代化经营水平
	农业信息服务	农、林、牧、渔、服务业占比 X_9/%	农、林、牧、渔、服务业产值/农、林、牧、渔业总产值，反映农业服务业融合发展水平
		涉农本外币贷款额 X_{10}/亿元	反映农村金融发展水平
		农业机械化水平 X_{11}/千瓦·人	农业机械总动力/第一产业就业人员数
		农、林、牧、渔业固定资产投资 X_{12}/亿元	反映农、林、牧、渔业的固定资产投资情况

4.1.2 测算方法

农村产业融合评价指标体系有3个一级指标和12个二级指标,各项指标对农村产业融合度的权重并不完全一样,为了避免主观赋权的随意性,本书选择熵值法确定权重。熵值法作为客观赋权法的一种,通过计算指标的信息熵(数据变异程度)来确定其权重,可以深刻反映评价指标信息熵的效用价值,同时可以避免主观赋权法的不确定性,减少人为误差,较为科学且符合实际。利用熵值法测算的农村产业融合度具有更高的可信度和精确度。

为了获得客观的农村产业融合度,本书采用熵值法确定农村产业融合各指标的权重,利用加权求和来测算2016年全国各省份的农村产业融合水平,以及2008—2017年西部地区6省份(四川省、云南省、贵州省、陕西省、甘肃省、宁夏回族自治区)的农村产业融合度,具体步骤如下:

(1)数据标准化。融合评价指标体系中12个二级指标的单位各不相同,因此需要将数据进行标准化处理,使数据具有可比性。标准化公式为

$$X'_{ij} = \frac{X_{ij} - \min X_j}{\max X_j - \min X_j} \tag{4.1}$$

其中,X_{ij} 表示第 i 个地区第 j 个指标,$i = 1, 2, \cdots, m$;$j = 1, 2, \cdots, n$,$\max X_j$ 和 $\min X_j$ 分别是第 j 个指标的最大值和最小值,X'_{ij} 表示标准化后的值。

(2)计算各指标所占比重 P_{ij},用标准化后的值 X'_{ij} 除以所有标准化值的和。公式为

$$P_{ij} = \frac{X'_{ij}}{\sum_{i=1}^{n} X'_{ij}} \tag{4.2}$$

(3)计算第 j 个指标的信息熵 e_j 和效用值 d_j,公式为

$$e_j = -K \sum_{i=1}^{n} P_{ij} \ln P_{ij} \tag{4.3}$$

$$d_j = 1 - e_j \tag{4.4}$$

其中,K 是常数,$K = 1/\ln n$。

（4）计算第 j 个指标的权重 W_j，用第 j 个指标的效用值 d_j，除以所有指标效用值之和，公式为

$$W_j = \frac{d_j}{\sum_{i=1}^{n} d_j} \tag{4.5}$$

（5）计算农村产业融合度得分 S_i，用标准化后的值 X'_{ij} 与对应的第 j 项指标的权重 W_j 相乘再相加，公式为

$$S_i = \sum_{j=1}^{m} 100 \times W_j X'_{ij} \tag{4.6}$$

4.1.3 数据来源

本书以西部地区 6 省份为主要研究对象，这 6 个省份地理环境、自然资源、历史背景相似，经济发展水平相当。同时，西部地区旅游业发达，农业作为特色经济和支柱产业的优势明显，近几年响应国家"三农"建设的政策，深化农村改革，实施乡村振兴战略，调整农村产业结构，试探农村产业融合发展，以其为例研究农村产业融合对农民增收的影响具有很大的价值。因西部地区不同指标数据缺失过多，根据数据可得性，我们选择了代表西南地区的四川省、云南省、贵州省和代表西北地区的陕西省、甘肃省、宁夏回族自治区作为研究对象。

为了了解西部地区 6 省份与全国农村产业融合发展的比较，本书选取 2016 年全国各省份的数据，测算当年的农村产业融合度，并加以比较。根据数据的可得性，本书选择 2008—2017 年西部地区 6 省份的面板数据，构建农村产业融合评价指标体系，测算农村产业融合度。

农村产业融合指标体系中的 12 个二级指标包括：农产品加工业总产值 X_1，农产品加工业总产值与农业总产值之比 X_2，农村每万人拥有农民专业合作社数量 X_3，人均主要农产品产量 X_4，乡村旅游总收入 X_5，休闲农业经营主体数量 X_6，化肥和农药施用强度 X_7，设施农业面积占比 X_8，农、林、牧、渔、服务业占比 X_9，涉农本外币贷款额 X_{10}，农业机械化水平 X_{11}，农、林、牧、渔业固定资产投资 X_{12}。其中，农产品加工业总产值、农村每万人拥有农民专业合作社数量、乡村旅游总收入的数据来源于《中

国农产品加工业年鉴》《中国乡镇企业及农产品加工业年鉴》以及各地区农村年鉴；休闲农业经营主体数量的数据来源于《中国休闲农业年鉴》；设施农业面积占比的数据来源于全国温室监控数据；涉农本外币贷款的数据来源于《中国金融年鉴》；其他数据来源于《中国统计年鉴》以及各地区年鉴和各地政府统计网站；个别年份缺失的数据使用线性插补法补齐。

4.2 农村产业融合发展现状

4.2.1 农村产业融合发展水平的地区差异

根据上一节所构建的农村产业融合评价指标体系及测算方法，我们依据可获得的数据测算出 2016 年全国各省的农村产业融合度。2016 年全国各省份的农村产业融合水平排名见图 4.1。

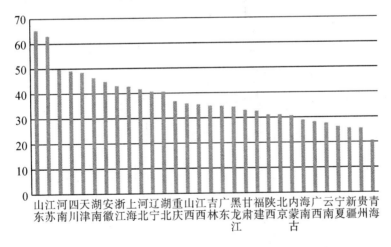

图 4.1 2016 年全国各省份的农村产业融合水平排名

由图 4.1 可知，全国范围内，农村产业融合度排前两名的分别是山东省和江苏省，融合度超过 60，且远远领先于其他省份；之后是河南、四川、天津、湖南、安徽、浙江、上海、河北、辽宁、湖北，融合度在 40~50；排名靠后的有海南、广西、云南、宁夏、新疆、贵州，融合度在 20~30；

融合度最差的是青海。从图 4.1 可以直观看出，大部分的东部地区省份排名靠前，而大部分的西部地区省份排名靠后。农村产业融合度较高的省份大多是农业大省，同时也是经济发达的省份。西部地区 6 省份中的四川省排名全国第四，农村产业融合发展水平遥遥领先；其他 5 个省份排名比较靠后，甘肃省排在第 19 位，陕西省排在第 21 位，云南、宁夏、贵州分别排在第 26、第 27、第 29 位。这 6 个省份中四川省经济发展水平一直在西部地区遥遥领先，相比其他省份，四川省的农产品加工、乡村旅游、农村电子商务等发展较快，但与山东、江苏等经济发达且农村产业融合发展水平较高的省份相比差距较大。以上数据反映了农村产业融合发展的地区差异。

分区域来看，西部地区的农村产业融合水平整体偏低，与东部地区农村产业融合发展水平存在很大差距。这一方面与经济发展水平有关，西部地区总体经济发展水平比东、中部地区低；另一方面受西部地区的地理环境、生态环境等的影响，农业基础设施建设不够完善，农产品加工不够先进，农产品的物流受到运输、存储等因素的影响发展较慢，西部地区的乡村旅游和休闲农业有得天独厚的旅游资源，且西部地区有独特的民俗文化和民族风情，但农村环境建设滞后，道路交通不够畅通，新型农业经营主体发展缓慢，造成农村产业融合发展整体水平偏低。

4.2.2 农村产业融合发展的时序变动

根据上一节所构建的农村产业融合评价指标体系及测算方法，我们依据可获得的数据测算出 2008—2017 年西部地区 6 省份的农村产业融合度，如表 4.2 所示。

表 4.2 2008—2017 年西部地区 6 省份农村产业融合度

地区	年份									
	2008	2009	2010	2011	2012	2013	2014	2015	2016	2017
四川	21.32	24.88	29.97	34.02	37.07	42.99	46.52	52.38	57.16	60.89
云南	6.00	8.49	10.45	12.03	14.56	17.52	20.95	25.55	29.70	36.10

表4.2(续)

地区	年份									
	2008	2009	2010	2011	2012	2013	2014	2015	2016	2017
贵州	4.18	5.20	7.20	8.65	9.76	12.02	14.14	17.86	23.07	29.97
陕西	11.32	14.67	16.80	18.82	22.96	26.25	29.23	32.49	35.15	40.73
甘肃	8.69	9.81	9.98	11.38	13.59	16.32	19.43	22.35	24.19	27.11
宁夏	11.38	12.95	13.19	13.41	15.31	21.26	22.85	23.45	24.77	26.02

从表4.2可以看出，四川、云南、贵州、陕西、甘肃、宁夏6省份2008—2017年的农村产业融合度总体呈上升趋势，但它们之间也存在较大的差距。四川省农村产业融合度在6省份之间排名第一，2008年的融合度为21.32，到了2017年增长为60.89，增长了近3倍，这得益于四川省近年来出台的一系列"扶农""惠农""促农"政策，保障农产品供给，提高农产品质量，以农民增收为中心，以脱贫攻坚为重心，使得四川农业生产快速发展，农村面貌日新月异，农村产业高度融合。之后是陕西省，其农村产业融合度从2008年的11.32增长到2017年的40.73，发展速度也很快。近年来陕西省以市场需求为导向，推进农业供给侧结构性改革，着力构建农业与第二、第三产业融合的现代产业体系，促进全省农业产业转型升级，农村产业融合发展总体水平明显提升。其余省份的农村产业融合度较低，但是十年来也在快速增长中，增幅均超过两倍。6个省份中，宁夏回族自治区的农村产业融合度增长较慢，这与该地区的地理环境、生态环境、历史文化背景有关。随着我国的脱贫攻坚战取得全面胜利，宁夏回族自治区积极推进乡村振兴建设，其农村产业质量效益和竞争力将进一步提高。

为了更直观地看出农村产业融合发展2008—2017年的变化趋势，我们将表4.2绘成图4.2所示的折线图来表现2008—2017年西部地区6省份农村产业融合水平的变化趋势。

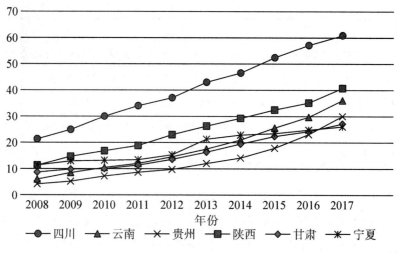

图 4.2　2008—2017 年西部地区 6 省份农村产业融合水平的变化趋势

　　总体来看，2008—2017 年西部地区 6 省份的农村产业融合发展水平呈持续上升态势。在 2015 年我国提出农村第一、第二、第三产业融合发展之前，各省份已开展了农业产业化发展的工作，进行农村产业结构调整，只是融合发展体系不够完善，政策扶持力度不够。2015 年之后，各省份加快了农产品加工业的发展速度，同时"互联网+农业"、智慧农业等新兴产业兴起，休闲农业、乡村旅游、森林康养等相继出现。乡村振兴攻略的提出，使农村产业融合发展速度加快，西部地区虽经济发展水平较低，但因各地具有独特且丰富的文化旅游资源，农牧产业发达，农产品产量高，农产品加工业正从初加工向精加工转变，农村产业融合发展水平不断提高。但农村产业融合发展体系还需进一步完善，不断探索新的发展模式。

　　西部地区 6 省份的农村产业融合发展阶段除四川省于 2017 年步入农村产业融合成长阶段外，其他 5 个省份的农村产业融合发展均处于起步阶段。对比 2017 年与 2008 年的农村产业融合度，贵州省 2017 年的农村产业融合度是 2008 年的 7.2 倍，是 6 个省份中增长速度最快的，宁夏回族自治区 2017 年的农村产业融合度是 2008 年的 2.3 倍，增长速度最慢。

　　6 个省份中，四川省的农村产业融合发展水平最高、发展较好的原因可能是：四川积极探索多种农村产业融合发展模式，推进现代农业示范园区建设，打造果蔬、水果等农产品加工业以及花卉苗木等的创新现代农业园区；扶持专业大户和家庭农场，大力发展专业合作社，新型农业经营主体发展较快；依靠独特的地域文化、特色农产品推动乡村旅游，如举办桃花节、荷花节等活动吸引游客；重点打造了"互联网+智慧农场""互联网+共享农庄"等。多种农村产业融合模式同时进行使得四川农村产业融合发展步入成长阶段。

6个省份中，宁夏回族自治区的农村产业融合发展水平最低，其发展缓慢的原因可能是：宁夏地区以粮食、草畜、枸杞、葡萄、瓜菜等特色产业为主，发展农产品加工业，但农产品加工业以初加工为主，产品科技含量低，农业产业链较短；因地处西北地区，气候干旱，旅游资源有限，休闲农业为农产品采摘，涉及文化、历史、地域等特色较少，乡村旅游吸引力不够；农民专业合作社等新型农业经营主体发育迟缓，基础设施建设滞后。这些原因导致宁夏农村产业融合发展动力不足，发展缓慢。

4.3 农民增收现状

农村产业融合的目的是促进产业结构优化整合、振兴乡村经济、提升农民收入。为了分析农村产业融合对农民收入的影响，本节将从农民收入整体水平、收入增长率变化、收入结构、城乡收入差距四个方面分析西部地区农民的收入现状，以及四川省、云南省、贵州省、陕西省、甘肃省、宁夏回族自治区6个省份的农民收入变动情况。

4.3.1 农民收入时序变动

4.3.1.1 农民人均可支配收入分析

改革开放以来，我国产业结构不断调整优化，农民收入持续增长。2008—2018年全国、西部地区（重庆市、四川省、云南省、贵州省、西藏自治区、陕西省、甘肃省、青海省、新疆维吾尔自治区、宁夏回族自治区、内蒙古自治区、广西壮族自治区）及本书选取的西部地区6省份（四川省、云南省、贵州省、陕西省、甘肃省、宁夏回族自治区)的农民收入绝对数如表4.3所示。2018年全国农民人均可支配收入为14 617元,比2008年的4 761元增长2.1倍,平均每年增加986元,年均名义增长13.1%;2018年西部地区农民人均可支配收入为11 831元,比2008年的3 518元增长2.4倍,平均每年增加831元,年均名义增长14.3%。西部地区农民人均可支配收入一直比全国农民平均收入低,2008年西部地区农民收入与全国平均水平的比值为1∶1.35,2018年为1∶1.24,2008—2018年来,西部地区与全国之间的差距在缩小,农民收入增加的速度与全国齐平,农民收入与经济同步增长,随着乡村振兴、脱贫攻坚等政策的实施,人民生活得到逐步改善,农民收入显著增加。

表4.3 2008—2018年全国、西部地区及本书选取的西部地区6省份的农民人均可支配收入对比 单位:元

地区	年份										
	2008	2009	2010	2011	2012	2013	2014	2015	2016	2017	2018
全国	4 761	5 153	5 919	6 977	7 917	9 430	10 489	11 422	12 363	13 432	14 617
西部	3 518	3 817	4 418	5 247	6 027	7 437	8 295	9 093	9 918	10 829	11 831
四川	4 121	4 462	5 087	6 129	7 001	8 380	9 348	10 247	11 203	12 227	13 331
云南	3 103	3 369	3 952	4 722	5 417	6 724	7 456	8 242	9 020	9 862	10 768
贵州	2 797	3 005	3 472	4 145	4 753	5 898	6 671	7 387	8 090	8 869	9 716
陕西	3 136	3 438	4 105	5 028	5 763	7 092	7 932	8 689	9 396	10 265	11 213
甘肃	2 724	2 980	3 425	3 909	4 507	5 589	6 277	6 936	7 457	8 076	8 804
宁夏	3 978	4 405	5 125	5 931	6 776	7 599	8 410	9 119	9 852	10 738	11 707

2008—2018年西部地区6省份的农民人均可支配收入趋势如图4.3所示。2018年四川省农民人均可支配收入为13 331元,比2008年的4 121元增长223.5%,农民可支配收入在6个省份中都是排名第一,高于西部地区平均水平,但依然比全国平均水平低。2018年宁夏回族自治区农民可支配收入为11 707元,比2008年的3 978元增长194.3%,农民可支配收入在6个省份中排名第二,低于西部地区平均水平,收入的增长速度在

6个省份中最低。2018年陕西省农民可支配收入为11 213元，比2008年的3 136元增长257.6%，农民人均可支配收入在6个省份中排名第三，但收入的增长速度排名第一。2018年云南省农民可支配收入为10 768元，比2008年的3 103元增长247%，农民人均可支配收入在6个省份中排名第四，收入的增长速度排名第三。2018年贵州省农民可支配收入为9 716元，比2008年的2 797元增长247.4%，农民人均可支配收入在6个省份中排名第五，但收入的增长速度排名第二。2018年甘肃省农民可支配收入为8 804元，比2008年的2 724元增长223.2%，农民人均可支配收入在6个省份中排名第六，比西部地区平均水平低3 027元，比全国平均水平低5 813元。四川省地处西南盆地，旅游资源丰富，经济发展水平高于其他省份，农村产业融合水平较高，成为农民人均可支配收入最高的地区。西部地区各省份之间经济发展水平不一，资源禀赋、农村主导产业不同，农村科技水平偏低，各省份之间存在较大差异。近年来，随着国家的西部大开发战略部署的深入实施，西部地区各省份颁发了一系列开发政策，开展重大开发项目，改善西部地区农业生态环境，西部地区经济快速发展，人民生活水平持续稳定提高。

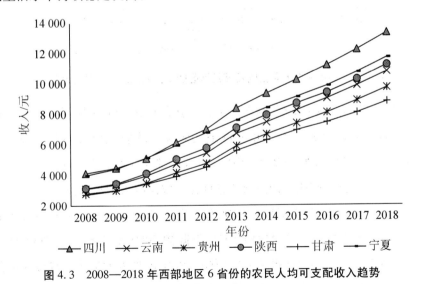

图4.3 2008—2018年西部地区6省份的农民人均可支配收入趋势

4.3.1.2 农民人均可支配收入增长速度分析

从农民收入整体来看，2008—2018 年西部地区农民收入有了较大的提高，但农民收入增长速度的变动趋势与绝对数变动趋势有差别。全国及西部地区的农民收入增长率的变动情况如图 4.4 所示，农民人均可支配收入增长率有增有降，但农民收入增长率总是为正数，说明农民收入的增长趋势是上升的。从图 4.4 可以看出，西部地区农民收入增长率近十六年的变化趋势大致可分为四个阶段。

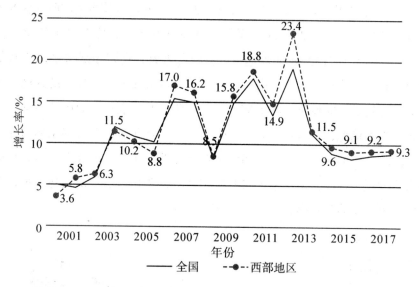

图 4.4　2001—2018 年全国及西部地区的农民收入增长率的变动情况

第一阶段为 2001 年至 2007 年上旬，西部地区农民人均可支配收入增长率大致呈上升趋势。2007 年西部地区农民人均收入增长率为 17%，是 2001 年的 4.7 倍。2000—2007 年中央投入西部大开发的力度加大，西部地区经济飞速增长，产业结构不断调整优化，农民收入增长加快。

第二阶段为 2007 年下旬至 2009 年上旬，西部地区农民人均可支配收入增长率短暂下降，从 2007 年的 17%下降到 2009 年的 8.5%。2008 年受地震、洪灾、雪灾等自然极端灾害影响，农民遭受重大损失，导致家庭经营性收入减少，农民人均可支配收入增速降低。

第三阶段为 2009 年下旬至 2013 年上旬，西部地区农民人均可支配收入增长率总体呈上升趋势。2009 年中央通过推进农村改革的相关决定，允许土地流转承包，减少土地撂荒现象，从而促进了农民人均可支配收入增长。

第四阶段为 2013 年下旬至今，西部地区农民人均可支配收入增长率下降至平稳趋势。由于农民人均可支配收入基数不断增加，增速有一定幅度的下降，说明在农业结构不断调整的情况下，农民收入水平平稳但增收速度受到阻碍。

4.3.2 农民收入城乡差距变化

2000—2018 年西部地区城镇居民与农村居民人均可支配收入及城乡收入比变动趋势如图 4.5 所示。

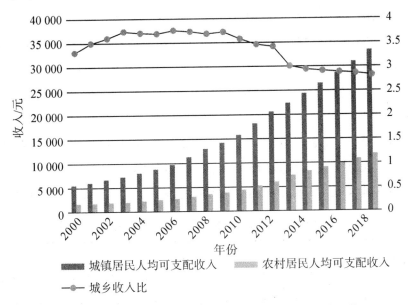

图 4.5　2000—2018 年西部地区城镇与农村居民人均可支配收入
及城乡收入比变动趋势

图 4.5 中的柱状图表示城镇居民与农村居民人均可支配收入，城镇居民人均可支配收入从 2000 年的 5 486 元增加到 2018 年的 33 388 元，增幅达 508.6%；农村居民可支配收入从 2000 年的 1 661 元增加到 2018 年的 11 831 元，增幅达 612.3%。农村人均可支配收入一直低于城镇居民人均

可支配收入，但增长速度非常快。图 4.5 中的折线表示城乡收入比，城镇居民可支配收入与农村居民可支配收入都在增加，城乡收入比值曲线呈倒"U"形，显示城乡收入差距在逐渐缩小，原因在于西部地区农民人均可支配收入增长速度比城镇的增长速度要快。受交通、地理、历史等因素的制约，城乡差距问题一直存在。参见图 4.5 中的城乡收入比的曲线变化趋势，我们可将城乡差距分为三个阶段（吴丰华 等，2019)[①]。第一阶段为2000—2004 年，城乡收入比呈递增趋势，这一阶段为城乡关系的初步发展阶段，西部大开发战略的实施带动多项促进西部地区城乡建设的政策与规划项目，西部地区的城镇和农村都得到了大力发展，城镇化率大大提高，城镇居民收入增长速度高于农村居民收入增长速度。第二阶段为 2005—2012 年，城乡收入比呈稳定平衡状态，这一阶段为城乡关系全面建设阶段，党的十七大强调建立以工促农、以城带乡的长效机制，建设城乡经济社会发展一体化新格局，因此城乡居民收入增长速度相当。第三阶段为 2013—2018 年，城乡收入比呈下降趋势，这一阶段为城乡融合发展阶段，党的十八大要求加快完善城乡发展一体化，党的十九大要求加快推进农业农村现代化，西部大开发"十二五"规划和"十三五"规划都配合新时代要求，采取了一系列城乡融合发展新战略，农村经济发展进入新的快速增长阶段，农村居民收入增长速度追上并超过城镇居民收入增长速度。

西部地区及 6 个省份 2008—2018 年的城乡收入比值如表 4.4 所示。

表 4.4　西部地区及 6 个省份 2008—2018 年的城乡收入比值

地区	年份										
	2008	2009	2010	2011	2012	2013	2014	2015	2016	2017	2018
西部	3.69	3.72	3.58	3.46	3.42	3.01	2.94	2.91	2.88	2.86	2.82
四川	3.07	3.10	3.04	2.92	2.90	2.65	2.59	2.56	2.53	2.51	2.49
云南	4.27	4.28	4.06	3.93	3.89	3.34	3.26	3.20	3.17	3.14	3.11
贵州	4.20	4.28	4.07	3.98	3.93	3.49	3.38	3.33	3.31	3.28	3.25

---

① 吴丰华，李宇瑛. 西部大开发 20 年城乡关系的历史进程与发展成效 [J]. 西北大学学报（哲学社会科学版），2019, 49 (6)：60-77.

表4.4(续)

地区	年份										
	2008	2009	2010	2011	2012	2013	2014	2015	2016	2017	2018
陕西	4.10	4.11	3.82	3.63	3.60	3.15	3.07	3.04	3.03	3.00	2.97
甘肃	4.03	4.00	3.85	3.83	3.81	3.56	3.47	3.43	3.45	3.44	3.40
宁夏	3.25	3.18	2.99	2.96	2.93	2.83	2.77	2.76	2.76	2.74	2.72

从表4.4中可以看出,2018年西部地区6省份中城乡收入比最小的是四川省,最大的是甘肃省。2018年西部地区整体平均城乡收入比值是2.82∶1,6个省份中只有四川和宁夏的城乡收入比低于西部地区平均水平,四川的城乡收入比为2.49∶1,宁夏的城乡收入比为2.72∶1。6个省份的城乡差距存在较大的差异,2008年四川省的城乡收入比为3.07∶1,云南省的收入比为4.27∶1,说明四川省城乡融合发展水平高于云南省。2018年四川、陕西和宁夏的城乡收入比小于3,而云南、贵州和甘肃的城乡收入比值依然在3.1以上,说明这3个省份的农民增收问题还需进一步改善,城乡发展不平衡问题亟待解决。西部地区6省份的城乡差距存在差异的主要原因是地理位置和资源条件差异,西部地区地形地貌复杂,城镇分布较分散,城镇与农村的距离太远,导致工业化与城镇化进程差异较大。西部地区各省份农村产业融合发展程度不一,农民收入增长因素不同,造成城乡差距缩小的速度不一的现象。

4.3.3 农民收入结构变化

我国农民的收入包括工资性收入、家庭经营性收入、财产性收入和转移性收入。农民工资性收入是指农民的劳动报酬收入,是农民通过各种途径得到的全部劳动报酬和各种福利,包括受雇于单位或个人、从事各种自由职业、兼职和零星劳动得到的全部劳动报酬及福利。农民家庭经营性收入是指农户及农户成员从事生产经营活动所获得的相关收入,包括农业经营和非农业经营收入、农产品买卖收入、乡村旅游收入、农产品加工收入等。农民财产性收入是指农民通过资本、技术和管理等要素与社会生产和生活活动所产生的收入，财产营运所获得的红利收入、财产增值收益等，以及家庭拥有的动产（如银行存款、有价证券）和不动产（如房屋、车辆、收藏品等）所获得的收入，包括出让财产使用权所获得的利息、租金和专利收入。农民转移性收入是指国家、单位、社会团体对农民家庭的各种转移支付和农民家庭间的收入转移，包括政府对个人收入转移的离退休金、失业救济金、赔偿等各种财政补贴；单位对个人收入转移的辞退金、保险索赔、住房公积金、家庭间的赠送和赡养等。

本书对2007—2017年的农民收入构成变动情况进行说明。因西部地区在2012年后结构性农民人均可支配收入数据缺失，所以为了解农民收入构成的大致变化，我们对2007—2017年四川、云南、贵州、陕西、甘肃、宁夏6个省份的农民收入结构中各部分占农民人均可支配收入的比重取平均值，大致分析农民收入构成随时间的变化趋势。2007—2017年西部地区6省份农民收入构成占比如表4.5所示。

表4.5　2007—2017年西部地区6省份农民收入构成占比　　　　单位:%

年份	工资性收入占比	家庭经营性收入占比	财产性收入占比	转移性收入占比
2007	29.40	62.56	2.40	5.65
2008	33.31	55.27	2.08	9.33
2009	34.71	52.55	2.29	10.45
2010	36.59	51.35	2.64	9.42
2011	39.18	48.87	2.57	9.38
2012	39.74	47.87	2.57	9.82
2013	39.23	42.47	2.33	9.43
2014	34.49	43.34	1.65	20.53
2015	35.01	42.49	1.80	20.71
2016	35.20	41.85	1.88	21.08
2017	35.22	41.09	2.01	21.68

从表4.5中可以看出，农民收入结构的四部分按比例大小排列为：家庭经营性收入>工资性收入>转移性收入>财产性收入。工资性收入占比在

增长，说明农民从事非农工作的机会增多，农产品加工业企业、农业产业园区等提供了大量就业岗位，农民从就业中获得的工资在家庭总收入中的比重增加。家庭经营性收入占比在减少，说明农民收入来源逐渐多样化，不再是过去单一的种植收入，家庭经营方式逐渐多元化。财产性收入占比略有下降，因为大多数农民对入股合作社、龙头企业还是持观望状态，土地出租的农户还是少数，财产性收入在农民收入中占比不到3%。转移性收入占比在2013年之后大幅增加，这是因为2012年党的十八大以来，国家对农业农村发展和农民增收愈加重视，中央财政支持"三农"的支出不断增加，扶持力度不断加大，因此农民收入结构中的转移性收入增幅较大。随着农村产业融合的发展，农民收入在总体增长的情况下，农民收入结构在不断优化升级。

5 农村产业融合对农民增收
影响的实证研究

上一章对农村产业融合和农民增收的现状进行分析后结果表示，农村产业融合发展水平和农民收入都随时间推移而提升。为了进一步验证农村产业融合对农民增收的影响机理，本章首先利用 Pearson 相关系数对两者进行相关性检验；其次通过构建 PVAR 模型检验农村产业融合与农民增收的因果关系，探寻农村产业融合是否影响农民增收，农民增收是否促进农村产业融合；再次根据相关性检验结果和因果关系检验结果构建面板数据模型，实证研究农村产业融合对农民增收的影响程度；最后通过灰色关联分析探讨农村产业融合体系中影响农民增收的关键因素。

5.1 农村产业融合与农民增收的相关性检验

为避免构建计量模型出现伪回归，本书利用 2008—2017 年西部地区 6 省份（四川省、云南省、贵州省、陕西省、甘肃省、宁夏回族自治区）的时间序列数据做相关性分析，利用 Pearson 相关系数初步判断农村产业融合与农民收入之间是否存在相关关系。

Pearson 相关系数是英国统计学家皮尔逊于 19 世纪 80 年代提出的一种衡量变量间线性相关程度的系数。计算公式如下：

$$r_{XY} = \frac{E(XY) - E(X)E(Y)}{\sqrt{E^2(X) - (E(X))^2}\sqrt{E^2(Y) - (E(Y))^2}} \qquad (5.1)$$

相关系数 r_{XY} 刻画了变量 X 与 Y 之间的线性相关程度：若 $|r_{XY}|$ 越大，X 与 Y 的线性相关程度就越大；若 $|r_{XY}|$ 越小，X 与 Y 的线性相关程度越小；若 $|r_{XY}| = 1$，X 与 Y 存在完全的线性关系；若 $r_{XY} = 0$，X 与 Y 之间无线性相关关系。

本书利用 Pearson 相关系数判断农村产业融合与农民增收之间的线性相关程度，其中 x 表示变量农村产业融合度，y 表示变量农民增收。

$$r = \frac{n\sum xy - \sum x \sum y}{\sqrt{n\sum x^2 - \left(\sum x\right)^2} \cdot \sqrt{n\sum y^2 - \left(\sum y\right)^2}} \qquad (5.2)$$

西部地区 6 省份农村产业融合度与农民增收之间的 Pearson 相关系数计算结果如表 5.1 所示。6 个省份的农村产业融合度与农民增收的 Pearson 相关系数值都在 0.9 以上，在 0.01 的显著性水平下显著相关，说明农村产业融合与农民增收存在线性相关关系。农村产业融合水平的变化与农民增收的变化之间存在某种紧密关系，由此可以进一步构建计量模型实证研究两者间的关系。

表 5.1　农村产业融合度与农民增收之间的 Pearson 相关系数

省份	四川	云南	贵州	陕西	甘肃	宁夏
Pearson 相关系数	0.996**	0.983**	0.961**	0.994**	0.993**	0.940**

注：** 表示在 0.01 的显著性水平下（双尾），相关性显著。

5.2　农村产业融合与农民增收的因果关系检验

5.2.1　PVAR 模型设定

本书在确认农村产业融合与农民增收存在相关关系之后，进一步检验两者间的因果关系和动态关系。因为农村产业融合与农民增收之间并没有明确的经济理论，所以我们选择构建面板向量自回归（panel vector autoregression，PVAR）模型去反映变量间的动态关系。

面板向量自回归模型最早由 Holtz Eakin et al.（1988）提出，模型沿袭了向量自回归（vector autoregression，VAR）模型的优点，无须事先设定变量之间的因果关系，而是将各个变量都视为内生变量，分析各个变量及其滞后变量对模型中其他变量的影响。相对于传统 VAR 模型的长时序要求，PVAR 模型具有截面大、时序短的特点，利用面板数据能够有效解决个体异质性问题，充分考虑了个体效应和时间效应。

PVAR 模型构建如下：

$$Y_{it} = \gamma_0 + \sum_{n=1}^{k} \gamma_n Y_{i,\,t-n} + \alpha_i + \beta_t + \varepsilon_{it} \tag{5.3}$$

其中，$i=1, 2, \cdots, N$ 表示各省份；$t=1, 2, \cdots, T$ 表示年份；Y_{it} 是一个包含农村产业融合度（AC）和农民增收（INGR）[①] 的二维向量，为了消除可能存在的异方差，对数据分别取对数表示为 lnAC 和 lnINGR；k 是滞后阶数；γ_0 和 γ_n 分别表示截距项向量和滞后 n 阶的参数矩阵；α_i 和 β_t 分别表示个体效应向量和时间效应向量，个体效应表示截面个体的差异，时间效应表示时间变动对个体的影响；ε_{it} 是随机扰动项。

5.2.2 PVAR 模型估计结果分析

在利用 PVAR 模型进行因果检验之前，我们对农村产业融合（AC）和农民增收（INGR）两个变量进行单位根检验，以确定数据是否平稳。若存在单位根，即变量序列不平稳，则需要进行差分。待差分后的变量序列平稳，再进行协整检验，判断变量间是否存在协整关系。如果有长期均衡关系，我们就可以构造 PVAR 模型进行因果检验，确定农村产业融合与农民增收之间的相互因果关系。

5.2.2.1 单位根检验

本书利用 Eviews9.0 软件进行单位根检验，其 LLC 检验和 IPS 检验结

[①] 根据数据的可获得性，农民增收选择统计年鉴中的农村居民人均可支配收入，用 INGR 表示。

果如表 5.2 所示。我们直接对 lnAC 和 lnINGR 序列做不含截距和趋势项的单位根检验，检验结果显示，不拒绝原假设，存在单位根，数据是不平稳的。之后，我们进一步对农村产业融合与农民增收的一阶差分数据（ΔlnAC 和 ΔlnINGR）进行检验，检验结果表示，P 值在 1% 的显著水平下显著，拒绝了数据不平稳的原假设，即变量序列的一阶差分不存在单位根，ΔlnAC 和 ΔlnINGR 是平稳序列，认为 lnAC 和 lnINGR 是一阶单整变量，即 I(1) 变量。

表 5.2 单位根检验结果

检验方法	lnAC	lnINGR	ΔlnAC	ΔlnINGR
LLC 检验	11.320 7 （1.000）	18.083 3 （1.000 0）	-3.237 37*** （0.000 6）	-3.413 01*** （0.000 3）
IPS 检验	0.094 54 （0.537 7）	0.781 44 （0.782 7）	-3.420 35*** （0.000 3）	-1.658 74** （0.048 6）

注：*、**、*** 分别表示在 10%、5%、1% 的显著水平下拒绝参数不显著的原假设，括号内为 P 值。

5.2.2.2 协整检验

单位根检验结果表明，2008—2017 年西部地区 6 省份的农村产业融合（ΔlnAC）和农民增收（ΔlnINGR）的面板数据是平稳的。接下来，我们对面板数据进行协整检验，即 Kao 检验、Pedroni 检验、Johansen 检验。协整检验的原假设为变量间不存在协整关系。

协整检验结果如表 5.3 所示，Kao 检验、Pedroni 检验、Johansen 检验结果都显示在 1% 的显著水平下拒绝原假设，表明农村产业融合与农民增收存在协整关系，可以进一步构建 PVAR 模型。

表 5.3 协整检验结果

检验方法	统计量名	统计量值（P 值）
Kao 检验	ADF	-2.384 319***（0.008 6）
Pedroni 检验	Panel ADF-Statistic	-2.950 134***（0.001 6）

表5.3(续)

检验方法	统计量名	统计量值（P值）
Fisher 检验	Group ADF-Statistic	-2.982 176*** (0.001 4)
	Trace test	68.50*** (0.000 0)
	max-eigen test	56.87*** (0.000 0)

注：*、**、***分别表示在10%、5%、1%的显著水平下拒绝参数不显著的原假设，括号内为 p 值。

5.2.2.3 PVAR 模型估计

本书基于 stata15.0 软件建模，利用西部地区 6 省份 2008—2017 年的面板数据采用广义矩估计构建 PVAR 模型，利用最小化信息准则确定模型的最优滞后阶数为 1 阶，逆特征根落在单位圆内，表示通过了模型的稳定性检验。农村产业融合与农民增收的 Granger 因果关系检验结果如表 5.4 所示。

表 5.4 农村产业融合与农民增收的 Granger 因果关系检验结果

原假设	卡方检验	自由度	P 值	结论
lnAC 不是 lnINGR 的格兰杰原因	9.272	1	0.002	拒绝原假设
lnINGR 不是 lnAC 的格兰杰原因	0.539	1	0.463	不拒绝原假设

对于原假设"lnAC 不是 lnINGR 的格兰杰原因"，P 值小于 0.01，即在 1%的显著性水平下拒绝原假设，认为"lnAC 是 lnINGR 的格兰杰原因"，即农村产业融合是农民增收的格兰杰原因。对于原假设"lnINGR 不是 lnAC 的格兰杰原因"，P 值大于 0.1，不拒绝原假设，说明农民增收并不是农村产业融合的格兰杰原因。从格兰杰因果检验结果来看，农村产业融合对农民增收有影响，但农民增收对农村产业融合没有预测作用。

从前文农村产业融合的理论基础和影响农民增收的理论分析来看，检验结果与理论基础吻合。但农民增收对农村产业融合的作用不显著，可能的原因是农村产业融合体系较复杂，目前农民在农村产业融合发展中的身份很难从被动参与者转变为主动参与者，因而我们无法直接预测农村产业融合度。

PVAR 模型估计结果如表 5.5 所示，结果显示以西部地区 6 省份的面板数据为例，以农民增收为被解释变量，滞后一期的农村产业融合对农民增收的影响在 5% 的显著性水平下正向显著，上一期的农村产业融合对农民增收的影响不会立即消失，其影响力会持续到下一期，可以预测下一期农民收入的增长幅度。滞后一期的农民人均可支配收入对自身的影响在 1% 的显著性水平下正向显著，说明农民收入受到前期积累的影响，农民收入的增长依赖于现有的资产积累，农村产业融合发展过程中要避免收入两极分化，尤其要提高西部地区省份偏远地区贫困农民的收入水平。滞后一期的农民人均可支配收入对农村产业融合的影响不显著，说明农民收入的增加对农村产业融合度发展预测作用不显著，农村产业融合发展过程较为复杂，不能简单依靠农民增收来预测。滞后一期的农村产业融合对自身的影响在 1% 的显著性水平下正向显著，农村产业融合也受到前期影响，农村产业融合发展是长期动态的过程，只有前期足够的积累，才能在自身发展的同时促进农民分享农村产业融合发展过程中产生的附加值，从而促进农民增收。

表 5.5　PVAR 模型估计结果

解释变量	被解释变量	
	lnINGR	lnAC
L.lnINGR	0.715 *** （0.080 1）	−0.099 0（0.134 9）
L.lnAC	0.213 ** （0.070 1）	1.047 *** （0.128 4）

注：*、**、*** 分别表示在 10%、5%、1% 的显著水平下拒绝参数不显著的原假设，括号内为标准差。

综上所述，西部地区 6 省份的农村产业融合与农民增收之间不是互为因果关系，滞后一期的农村产业融合对农民增收有显著影响。

5.3 农村产业融合对农民增收的影响程度研究

5.3.1 面板数据模型设定

本书之所以选择西部地区 6 省份 2008—2017 年的面板数据，主要是因为 6 个省份的农村产业融合水平不一，农民收入水平差异较大。为研究农村产业融合发展对农民增收的影响程度，我们建立了面板数据的计量模型。

5.3.1.1 模型设定与变量选取

模型设定如下：

$$\ln INGR_{it} = \beta_0 + \beta_1 \ln AC_{it} + \beta_2 STR_{it} + \beta_3 RGDP_{it} + \varepsilon_{it} \qquad (5.4)$$

其中，$INGR_{it}$ 表示农民人均可支配收入，AC_{it} 表示农村产业融合度，STR_{it} 表示产业结构调整，$RGDP_{it}$ 表示人均地区生产总值；β_0 表示截距项，β_1 表示农村产业融合对数形式的回归系数，β_2 和 β_3 分别表示产业结构调整和人均地区生产总值的回归系数，ε_{it} 表示误差项；$i = 1$，2，$\cdots$，N 表示各省份，$t = 1$，2，$\cdots$，T 表示年份。

考虑到西部地区 6 省份的数据可得性及完整性，本书选取农民人均可支配收入作为被解释变量，农村产业融合度作为核心解释变量，同时将产业结构调整、人均地区生产总值作为控制变量。变量解释及处理如下：

（1）农民人均可支配收入（INGR）[①]。为剔除价格变动产生的影响，我们以 2008 年为基期，采用农村居民消费价格指数来折算实际农民人均可支配收入。

（2）农村产业融合度（AC）。目前没有直接表示农村产业融合水平的统计指标，故我们使用前文通过构建评价指标体系测算的数据。

---

① 2013 年之后，农民人均纯收入更名为农村居民人均可支配收入，两者间的统计差距极小，对本书研究结果不产生影响，可忽略不计，因此 2014—2017 年我们仍采用农村居民人均可支配收入。

（3）产业结构调整（STR）。产业结构调整采用地区生产总值中第三产业与第二产业的比值，其中，第三产业的发展代表现代化发展水平，第二产业的发展通常代表工业化发展水平。产业结构调整过程中，现代化发展速度相比工业化发展速度逐渐加快，第三产业占比越来越大，农民从事服务业的机会增加；进而提高了农民收入水平。

（4）人均地区生产总值（RGDP）。一个地区人均 GDP 较高，则经济发展水平相应较高。其具体表现在基础设施建设、教育、医疗资源较好，市场上的经营主体增加，农村居民的就业机会增加，消费购买力增强，创造财富的能力也增加，因此促进了农民增收。

5.3.1.2 数据来源及处理

本书采用 2008—2017 年西部地区 6 省份的面板数据。面板数据模型所使用的变量中，农村产业融合度采用前文的测算结果，其他变量数据均来源于《中国统计年鉴》。变量的描述性统计结果如表 5.6 所示。

表 5.6　变量的描述性统计结果

变量		均值	标准差	最小值	最大值	样本
农民人均可支配收入（INGR）	总体	6 269.03	2 461.73	2 723.79	12 128.76	60
	组间	—	976.33	5 069.96	7 673.80	6
	组内	—	2 291.78	2 716.44	10 723.99	10
农村产业融合度（AC）	总体	21.858 0	12.752 0	4.184 5	60.892 2	60
	组间	—	9.996 9	13.206 7	40.721 5	6
	组内	—	8.827 5	2.456 6	42.028 6	10
产业结构调整（STR）	总体	0.945 2	0.225 0	0.586 5	1.576 3	60
	组间	—	0.165 1	0.709 2	1.156 4	6
	组内	—	0.165 9	0.665 7	1.468 1	10
人均地区生产总值（RGDP）	总体	28 467.35	11 638.00	8 824.00	57 266.31	60
	组间	—	7 462.60	21 594.48	38 504.83	6
	组内	—	9 394.13	8 208.51	47 228.82	10

从表 5.6 中可以看出变量的总体差异、组间差异和组内差异。农民人均可支配收入的均值为 6 269.03 元，最大值为 12 128.76 元，最小值为 2 723.79 元，最大值大约是最小值的 4.5 倍，说明农民人均可支配收入的差异很大。农村产业融合度的均值为 21.858 0，最大值为 60.892 2，最小值为 4.184 5，最大值大约是最小值的 15 倍，差距也很大。产业结构调整和人均地区生产总值也存在差距过大的现象。因原始数据量纲不同，为消除异方差带来的误差，我们对农民人均可支配收入、农村产业融合度和人均地区生产总值做对数变换，而产业结构调整因其本身是比值，所以我们不做对数变换。

5.3.1.3 模型检验

面板数据模型有混合模型、固定效应模型和随机效应模型三种形式。在建模之前我们需要进行检验以确定模型形式，故本书采用 F 检验和 Hausman 检验。

F 检验用于判断混合模型和固定效应模型。F 检验的原假设 H_0：模型为混合模型。备择假设 H_1：模型为固定效应模型。我们给定一个显著性水平 a，利用 F 统计量与之比较大小，判别规则为：若 $F > F_\alpha(m, N \times T - k)$，则拒绝原假设，构建固定效应模型；反之，不拒绝原假设，构建混合模型（白仲林，2008）。

Hausman 检验用于判断模型中是否有个体固定效应。Hausman 检验的原假设 H_0：个体随机效应回归模型。备择假设 H_1：个体固定效应回归模型。我们给定一个显著性水平 a，通过 H 统计量检验离差 OLS 估计量与随机 GLS 估计量之差是否为零。判别规则为：若估计量之差不等于 0，则拒绝原假设，建立个体固定效应模型；若估计量之差等于 0，则不拒绝原假设，建立个体随机效应模型。

5.3.2 面板数据模型估计结果分析

为进一步分析农村产业融合对农民增收的影响程度，我们利用西部地区 6 省份 2008—2017 年的面板数据，基于 stata15.0 软件构建面板数据模型。我们根据前文对面板数据模型的介绍和设定，先进行模型形式的设定检验。F 检验结果显示 F 统计量为 88.41，$P = 0.000\,0$，在 1% 的显著性水平下显著，拒绝原假设"模型为混合模型"，考虑构建固定效应模型。Hausman 检验结果显示，固定效应与随机效应估计量之差不为 0，$P = 0.027\,0$，在 5% 的显著性水平下显著，因此拒绝原假设"个体随机效应回归模型"，考虑构建个体固定效应模型。结合两个检验的结果，本书构建农村产业融合对农民增收的影响的固定效应模型。

西部地区 6 省份农村产业融合对农民增收的影响估计结果如表 5.7 所示。固定效应模型拟合优度 R^2 为 0.971，说明模型拟合效果较好，本书构建的农村产业融合对农民增收的影响模型估计结果是合理的。

表 5.7 农村产业融合对农民增收的影响估计结果

lnINGR	影响估计结果
lnAC	0.207** (0.051 4)
Str	0.352*** (0.027 9)
lnRGDP	0.702*** (0.037 0)
_ cons	0.586 (0.320 1)
N	60
R^2	0.971
AIC	−155.2
BIC	−148.9

注：*、**、*** 分别表示在 10%、5%、1% 的显著水平下拒绝参数不显著的原假设，括号内为标准差。

根据表 5.7 中固定效应模型的估计结果发现，在控制产业结构调整和人均地区生产总值影响的情况下，农村产业融合的弹性系数为 0.207 且系数显著，说明农村产业融合对农民收入的影响是积极的，农民收入随着农村产业融合程度的加深而增加。农村产业融合对农民增收的影响程度为：农村产业融合度每增加 1%，农民人均可支配收入大约增加 0.207%。农村产业融合发展主要通过带动农民就业、完善利益分配机制、完善农村基础设施、促进产业结构优化升级来促进农民收入增加。2016 年，四川省休闲农业就带动了 1 155 万个农民就业，农民人均增收 88 元，云南、贵州、陕西、甘肃、宁夏的休闲农业平均带动农民就业 9 万人，休闲农业有效地促进了农民增收。除此之外，农产品加工业、乡村旅游、农村电商作为农村产业融合过程中的重点产业，通过带动农户就业，提高农产品利润，促进了农民增收。欠发达地区的经济水平较低，但农村产业融合水平不断提升，对于当地的农业高质量发展有很大影响。从西部地区 6 省份农村产业融合对农民增收的影响程度来看，欠发达地区的农村产业融合发展是促进农民收入大幅提高的有效措施。

从模型中的控制变量来看，产业结构调整对农民收入的弹性系数为 0.352，说明第三产业与第二产业的比值每增加 1%，就可促使农民人均可支配收入增加约 0.352%。第三产业相比第二产业占比越来越高，说明服务业发展速度逐渐超过工业化发展速度。一部分没有技术不能进入工业化企业工作的农民会选择从事服务业，农村妇女会选择农闲时从事餐饮业、零售业等行业，从而增加收入。因此，产业结构向服务业、信息化方向调整对农民增收是有利的。人均地区生产总值的弹性系数为 0.702，说明人均地区生产总值每增加 1%，农民人均可支配收入大约增加 0.702%。人均地区生产总值越大，说明该地区经济发展水平越高，农村地区农业基础设施更加完善、农产品市场需求量增大，从而拉动了农业生产效率，提高了农村生产力的同时还减少了农村剩余劳动力，最终促进农民增收。

5.4　农村产业融合与农民增收的灰色关联分析

5.4.1　灰色关联模型构建

为深入具体地分析农村产业融合影响农民增收的关键因素，本书利用基于面板数据的灰色关联模型，分析农村产业融合体系中各指标对农民收入以及对收入中四个构成部分的影响。

面板数据可定义为 M 个对象，每个对象有 N 个指标和 T 个时期。

$x_i(m, t)$ 表示 t 时刻第 i 个对象、第 m 个指标的值，用矩阵表示为

$$X_i = \begin{bmatrix} x_i(1, 1) & x_i(1, 2) & \cdots & x_i(1, 1) \\ x_i(2, 1) & x_i(2, 2) & \cdots & x_i(2, T) \\ \vdots & \vdots & \vdots & \vdots \\ x_i(M, 1) & x_i(M, 2) & \cdots & x_i(M, T) \end{bmatrix} \tag{5.5}$$

其中，$i = 1, 2, \cdots, N$；$m = 1, 2, \cdots, M$；$t = 1, 2, \cdots, T$。

5.4.1.1 面板数据初始化

因面板数据各指标量纲不同，我们直接使用原始数据无法发现指标间的规律，需数据预处理。本书介绍以下三种处理方法：

设第 i 个指标的矩阵为 X_i，经过序列算子 d_k 作用后，即

$$x_i^0(m, t) = x_i(m, t)d_1 = x_i(m, t) - x_i(m, 1) \tag{5.6}$$

X_i^0 为 X_i 的始点零化像，$m = 1, 2, \cdots, M$；$t = 1, 2, \cdots, T$。即

$$x_i'(m, t) = x_i(m, t)d_2 = x_i(m, t)/x_i(m, 1) \tag{5.7}$$

X_i' 为 X_i 的初值化像，$m = 1, 2, \cdots, M$；$t = 1, 2, \cdots, T$。即

$$x_i^*(m, t) = x_i(m, t)d_3 = x_i(m, t)/\bar{x}, \ \bar{x} = \left(\sum_{m=1}^{M} \sum_{t=1}^{T} x_i(m, t) \right)/MT \tag{5.8}$$

其中，d_3 为均值化算子，$m = 1, 2, \cdots, M$；$t = 1, 2, \cdots, T$。

5.4.1.2 计算灰色综合关联度

为全面考虑农村产业融合各指标与农民收入在绝对量和变化速率上的关联程度，本书选用广义灰色关联分析法中的灰色综合关联度，能够全面表征两个指标间是否紧密联系。灰色综合关联度是综合计算了绝对关联度与相对关联度的结果，计算过程如下：

首先计算灰色绝对关联度。我们设 X_i 和 X_j 是第 i 个指标和第 j 个指标的矩阵（$i, j = 1, 2, \cdots, N$；$i \neq j$），则 X_i^0、X_j^0 为 X_i、X_j 的始点零化像，X_i 和 X_j 的灰色绝对关联度为

$$\varepsilon_{ij}(m, t) = \frac{1 + |s_i(m, t)| + |s_j(m, t)|}{1 + |s_i(m, t)| + |s_j(m, t)| + |s_j(m, t) - s_i(m, t)|} \tag{5.9}$$

其中，
$$|s_i(m, t)| = \left| \sum_{m=2}^{M-1} \sum_{t=2}^{T-1} x_i^0(m, t) + \frac{1}{2} x_i^0(M, T) \right|,$$

$$|s_j(m, t)| = \left| \sum_{m=2}^{M-1} \sum_{t=2}^{T-1} x_j^0(m, t) + \frac{1}{2} x_j^0(M, T) \right|,$$

$$(m=1, 2, \cdots, M; t=1, 2, \cdots, T)。$$

其次计算灰色相对关联度。X_i'、X_j' 为 X_i、X_j 的初值化像，X_i 和 X_j 的灰色相对关联度 γ_{ij} 是 X_i' 与 X_j' 的绝对关联度。

最后计算灰色综合关联度，即

$$\rho_{ij}(m, t) = \theta \varepsilon_{ij}(m, t) + (1 - \theta) \gamma_{ij}(m, t) \tag{5.10}$$

其中，$m=1, 2, \cdots, M$; $t=1, 2, \cdots, T$; $\theta \in [0, 1]$。

$\rho_{ij}^T(m, t)$ 是第 m 个对象的第 i 个指标与第 j 个指标在时序上的灰色综合关联系数，时序上的关联度 ρ_{ij}^T 取 M 个对象的平均值：

$$\rho_{ij}^T = \frac{1}{M} \sum_{m=1}^{M} \rho_{ij}^T(m, t) \tag{5.11}$$

$\rho_{ij}^M(m, t)$ 是 t 时刻第 i 个指标与第 j 个指标在截面上的灰色综合关联系数，截面上的关联度 ρ_{ij}^M 取 T 个时点的平均值，即

$$\rho_{ij}^M = \frac{1}{T} \sum_{t=1}^{T} \rho_{ij}^M(m, t) \tag{5.12}$$

从时序和截面综合计算，我们可以得到第 i 个指标与第 j 个指标的关联度 ρ_{ij}，即

$$\rho_{ij} = \omega_1 \rho_{ij}^T + \omega_2 \rho_{ij}^M \tag{5.13}$$

其中，ω_1、ω_2 分别为时序和横截面所占的比重，按重要程度赋权，ω_1、ω_2 $\in [0, 1]$ 且 $\omega_1 + \omega_2 = 1$。

5.4.2 灰色关联模型结果分析

为了分析农村产业融合评价指标体系中各指标与农民人均可支配收入以及各构成部分的关联程度，本书利用西部地区 6 省份（四川省、云南省、贵州省、陕西省、甘肃省、宁夏回族自治区）2008—2017 年的面板数据构建灰色关联度模型，利用灰色建模软件第七版（GSTA V7.0）按照前

文介绍的灰色综合关联度计算方法分别利用时间序列数据和截面数据现计算出灰色关联度，再计算综合关联度。本书数据预处理采用均值化算子的方法，式（5.12）中的 ω_1 和 ω_2 均取 0.5，表示时序和截面重要程度相等。

5.4.2.1 农村产业融合体系中的各指标与农民人均可支配收入的关联分析

我们分别用时间序列和截面数据计算关联度和综合关联度，从表 5.8 可以看出，关联度越高，说明指标值提高越多，农民收入也增加越快。农村产业融合各指标与农民人均可支配收入的关联度见表 5.8。

表 5.8 农村产业融合各指标与农民人均可支配收入的关联度

指标	时间序列		截面数据		综合	
	关联度	排序	关联度	排序	关联度	排序
X_1	0.815 7	4	0.906 1	1	0.860 9	1
X_2	0.833 7	2	0.748 7	8	0.791 2	6
X_3	0.833 2	3	0.758 5	7	0.795 8	5
X_4	0.626 7	12	0.813 4	6	0.720 0	10
X_5	0.850 4	1	0.678 0	12	0.764 2	7
X_6	0.681 7	9	0.815 5	5	0.748 6	9
X_7	0.675 3	11	0.713 0	9	0.694 1	11
X_8	0.790 3	7	0.878 1	3	0.834 2	3
X_9	0.773 5	8	0.880 9	2	0.827 2	4
X_{10}	0.808 2	6	0.689 7	11	0.748 9	8
X_{11}	0.814 7	5	0.864 3	4	0.839 5	2
X_{12}	0.677 6	10	0.702 4	10	0.690 0	12

（1）从综合关联度来看，西部地区 6 省份 2008—2017 年农村产业融合对农民人均可支配收入的主要影响因素的关联度排序为：$X_1 > X_{11} > X_8 > X_9 > X_3 > X_2 > X_5 > X_{10} > X_6 > X_4 > X_7 > X_{12}$。衡量西部地区 6 省份农村产业融合水平的 12 个指标中，农产品加工业总产值，农业机械化水平，设施农业面积占比，农、林、牧、渔、服务业占比与农民人均可支配收入的关联度最高，

均在 0.8 以上；农村每万人拥有农民专业合作社数量、农产品加工业总产值与农业总产值之比、乡村旅游总收入、涉农本外币贷款额、休闲农业经营主体数量、人均主要农产品产量与农民人均可支配收入的关联度为 0.7~0.8；化肥与农药施用强度和农、林、牧、渔业固定资产投资与农民人均可支配收入的关联度最低，但也在 0.65 以上，各指标与农民人均可支配收入的关联度值之间相差不大。农产品加工业、农业机械化水平和设施农业是影响农民增收的关键因素，反映新型农业经营主体状况的农村每万人拥有专业合作社数量与反映农业与第三产业融合的乡村旅游总收入是影响农民增收的主要因素，反映农业信息化，服务化的农、林、牧、渔、服务业固定投资，涉农本外币贷款是农民增收不可缺少的服务。

（2）从时间序列的关联度来看，同一省份 2008—2017 年的农村产业融合各指标与农民人均可支配收入的平均关联度排名前三的是乡村旅游总收入、农产品加工业总产值与农业总产值之比、农村每万人拥有农民专业合作社数量；关联度较低的是农、林、牧、渔业固定资产投资，化肥和农药施用强度。从时序角度可以看出，农村产业融合动态发展过程中，乡村旅游、农产品加工业、专业合作社等发展速度较快的新产业、新型经营组织是促进农民增收的主要因素，而并不直接产生收益的农、林、牧、渔业固定资产投资和化肥农药施用强度能够完善农业基础设施、创造良好的增收环境，对农民增收起到了间接作用。同时可以看到，每个省份同一指标与农民收入的关联程度不尽相同，原因是西部地区 6 省份的农村产业融合水平发展不均衡，农民收入水平不一，差异较大，导致促进增收的关键因素不全相同，因此我们使用综合关联度进行测度。

（3）从截面数据的关联度来看，同一年份 6 个省份的农村产业融合各指标与农民人均可支配收入的平均关联度排名前三的是农产品加工业总产值，农、林、牧、渔、服务业占比和设施农业面积占比。我们从截面的角度可以看到 2008—2017 年农村产业融合各指标对农民收入的影响程度的变化过程，并不是所有指标的关联度都是随时间增长的，原因可能是这 6 个省份的农村产业融合发展进度不同，各指标发展水平不一。我们从截面角度与时序角度得出的共同点是，农产品加工业发展是促进农民增收的关键。

5.4.2.2 农村产业融合各指标与不同收入结构的关联度分析

农村产业融合体系中的各指标与农民收入各结构的关联度如表 5.9 所示。

表 5.9 西部六省份农村产业融合各指标与农民收入各结构的关联度

指标	人均可支配收入		工资性收入		经营性收入		财产性收入		转移性收入	
	测度值	排序	测度值	排序	测度值	排序	测度值	排序	测度值	排序
X_1	0.860 9	1	0.849 3	1	0.887 3	1	0.690 2	7	0.782 6	5
X_2	0.791 2	6	0.748 9	7	0.731 6	9	0.735 4	2	0.859 1	3
X_3	0.795 8	5	0.734 2	9	0.816 5	2	0.745 1	1	0.760 1	7
X_4	0.720 0	10	0.746 7	8	0.740 1	8	0.673 4	10	0.693 5	11
X_5	0.764 2	7	0.753 0	6	0.712 7	10	0.708 7	6	0.776 9	6
X_6	0.748 6	9	0.777 9	3	0.795 5	4	0.670 2	12	0.711 0	9
X_7	0.694 1	11	0.651 6	12	0.694 3	11	0.710 9	5	0.681 3	12
X_8	0.834 2	3	0.816 0	2	0.812 9	3	0.687 3	8	0.838 5	4
X_9	0.827 2	4	0.773 4	4	0.792 3	5	0.671 9	11	0.865 5	2
X_{10}	0.748 9	8	0.708 8	10	0.756 0	7	0.721 7	3	0.710 7	10
X_{11}	0.839 5	2	0.767 2	5	0.778 3	6	0.711 7	4	0.887 1	1
X_{12}	0.690 0	12	0.675 8	11	0.670 1	12	0.686 8	9	0.729 8	8

从表 5.9 可以看出：

（1）从农民工资性收入的关联度来看。农产品加工业总产值、设施农业面积占比、休闲农业经营主体数量与农民工资性收入的关联度最高，农、林、牧、渔业固定资产投资，化肥和农药施用强度与其关联度最低。农产品加工业、设施农业和休闲农业能够通过增加农民就业机会来促进农民增收，因此这三个指标与农民工资性收入关联程度最高，而农、林、牧、渔业固定资产投资和化肥农药施用强度并不能直接促进农民就业，只能在农村基础设施建设、化肥农药销售等方面间接对工资性收入产生影响，影响程度相对较小。

（2）从农民经营性收入的关联度来看。农产品加工业总产值、农村每万人拥有农民专业合作社数量、设施农业面积占比与农民经营性收入的关联度最高；农、林、牧、渔业固定资产投资与其关联度最低。农产品加工业总产值增加可以提高农产品附加值，从而农民在农产品生产、销售、流通的产业链中获得的经营性收入增加。农民专业合作社以家庭农场为基础，为加入合作社的成员提供农业经营的技术、生产资料、网上销售等服务，也承担农产品销售、运输等工作，农民从专业合作社中获得生产经营上的帮助较大，因此农民专业合作社对农民生产经营性收入的影响是较大的。设施农业占耕地面积越大，提高农业生产效率程度越高，农民经营性收入增加越快。

（3）从农民财产性收入的关联度来看。农村每万人拥有农民专业合作社数量、农产品加工业总产值与农业总产值之比同农民财产性收入关联度最高。农民主要通过技术、资金、土地入股农民专业合作社，从合作社的收益中获得分红，从而增加财产性收入，因此农民专业合作社对农民财产性收入影响较大。

（4）从农民转移性收入的关联度来看。农业机械化水平与农民转移性收入关联度最高。从前文可知，西部地区 6 省份 2008—2017 年农民转移性收入的占比在逐渐提高并超过财产性收入，在农村产业融合发展过程中，加大"支农"政策的力度，采取农民优惠政策和金融扶持等，提高了农业机械化的资金投入，因此农业机械化水平对农民转移性收入的影响较大。

综上所述，在西部地区 6 省份 2008—2017 年的农村产业融合评价体系中，影响农民增收的主要因素是：农产品加工业总产值、乡村旅游总收入、设施农业面积占比、农村每万人拥有农民专业合作社数量、休闲农业经营主体数量和农业机械化水平。其中，农产品加工业总产值与农民工资性收入、农民经营性收入的关联度最高，农产品加工业的发展促进农民就业，刺激了农产品生产经营，但与农民财产性收入的关联度较低，农民担心入股农产品加工企业以及与企业签订合同的风险较大，其对农村产业融合发展的认知还需提高。乡村旅游总收入从时序角度来看，与农民人均可支配收入的关联度最高，但从截面和各收入结构来看，其关联度并不高，说明乡村旅游近几年发展较快，但对于不同省份来说影响程度不一，主要原因是地理位置旅游资源的差别。6 个省份中四川省乡村旅游发展最好，乡村旅游资源丰富，促进农民增收作用较大，但 6 个省份中宁夏的乡村旅游总收入最低，旅游资源较差，带动农民就业的作用不大，促进农产品销售的作用较小。设施农业的发展能够提高农业生产效率，并促进就业，因此对农民工资性、经营性收入影响较大。农民专业合作社给农民生产经营上提供帮助，入股成员可以获得分红，因此对农民经营性收入和财产性收入的影响较大。

6 农村产业融合对农民增收的
影响——案例分析

我国西部地区幅员辽阔，资源丰富，物种资源多样，但受地理环境气候因素影响，经济欠发达，传统农业虽有悠久历史，但农民收入普遍偏低。自 2000 年我国实施西部大开发战略和农业结构调整以来，国家政策支持为发展西部地区特色农业提供了有利的机遇和广阔的空间，西部地区经济社会发展步伐明显加快，主要经济指标大幅跃升，基础设施建设成效显著，生态建设和环境保护扎实推进，人民生活水平日益提高。本章以四川省南充市西充县为例，分析了农村产业融合发展对农民增收的影响。

6.1 案例介绍

西充县地处四川盆地东北部，南充市西南部。地貌类型以丘陵为主，沟谷纵横，气候属亚热带湿润季风气候，降水丰沛，气候温和，四季分明。西充县总面积有 1 108 平方千米，辖 23 个乡镇（街道），总人口 68 万。西充县历史悠久，是久负盛名的文化大县，公元 621 年置县，千年古县的历史积淀，忠义文化、红色文化、民俗文化等源远流长，与"勤劳、朴实、诚信、包容"的新时代西充精神交相辉映。西充县境内 5 条高速公路纵横交汇，区位优势日益凸显，是四海通衢的区域枢纽，距南充仅 30 千米、成都 170 千米、重庆 180 千米、西安 550 千米，是"成渝西（安）""成渝两小时经济圈"的重要节点[①]。

西充县近年来大力发展三次产业融合，优化产业结构，发展生态农业，是首批国家农村产业融合发展示范园、国家农业改革与建设试点示范区、全国生态文明示范工程试点县、全国循环经济示范县、国家有机产品认证示范县、全国休闲农业与乡村旅游示范县、国家电子商务进农村综合示范县。

6.1.1 有机农业蓬勃发展

西充县按照"全域规划、区域布局、流域发展"的原则，坚持不懈做大有机产业，"有机"已成为西充最靓丽的"名片"。西充县有机农业生产基地从无到有，从有到多，截至目前，西充县已建成有机生产基地 105 个、面积达 23 万亩（1 亩≈666.67 平方米，下同），其中 13 万亩基地、102 个品种通过有机认证，培育有机农业企业 60 余家，有机农业年产值占农业总产值的 60%以上。西充县成为首批国家有机食品生产基地、首批国家有机产品认证示范县[②]。西充县成功创立"西充有机荟"区域农业大品牌，"充国香桃""充国香薯""西凤脐橙""西充二荆条辣椒"等品牌享誉全国，畅销海内外，有机农业规模稳居西部第一。2019 年成功举办西充亚洲有机产业创新发展（首届）峰会。

西充县优质（有机）粮油现代农业园，是以水稻、小麦、油菜等粮油为主导产业的现代农业产业园，覆盖义兴、青狮等 7 个乡镇 71 个村，布局有航粒香、粮鑫等 8 家农业企业和 56 家专业合作社，带动园区 237 家从事粮油经营的家庭农场（种植大户）。一方面，农业园集中连片打造高标准农田，让收割机、播种机等机械可以直接开到田地里机械化耕作；另一方面，西充县实行"稻油、稻菜、稻麦"轮作，使得土地产出效益翻番，当

---

① 西充县人民政府. 西充县基本情况介绍［EB/OL］. (2019-03-27)［2021-04-05］. http://www.xichong.gov.cn/intro/show.jspx? id=29218.

② 蒲仕明. 西充，乡村振兴"纵横哲学"［EB/OL］. (2020-02-15)［2021-04-05］. http://nyncj.nanchong.gov.cn/item/2205.aspx.

地的村民通过务工、流转土地、田间管理等方式，户均年增收达 2 300 元，极大地增加了土地的效益与收成，有力地促进了农业增效、带动了农民增收。西充县优质（有机）粮油现代农业园是西充县有机农业蓬勃发展的一个缩影。

6.1.2　农业产业链延伸发展

在现代农业提高产量、增大效益的同时，西充县通过加快发展农产品加工和流通产业，完善农业产业链，增强农业的竞争力和可持续发展能力。西充县在规模特色产业基地就近建设冷链物流基地、农产品加工园区和配送中心等，规模与园区配套，装备先进，采取独立建园或工业园区单独划片的方式布局。农产品通过精深加工，可以提高销售价格，直接增加农民收入。大力推进农产品交易市场、农产品物流园区建设，完善农产品物流批发体系，能够增加农产品附加值，节约流通费用，提高流通效率。

西充县川东北有机农产品精深加工园区是该县贯彻落实"乡村振兴"战略、建设"中国有机农业第一县"的重要支撑。川东北有机农产品精深加工园区具有功能规划全、建设标准高、配套服务优、示范带动广等特点。该园区规划有机粮油、有机养殖、有机果蔬研发展示，电商产业，精深加工，仓储物流，科技研发，营销展示，综合服务等功能分区，全面对接川东北农产品精深加工服务需求，形成农产品高质量加工产业全链条，打造集加工、体验、旅游、营销为一体的有机农产品加工园区。园区规划面积达 4 500 亩，总投资为 100 亿元，目前已完成一期 2 000 亩土地征用和土地平整，2.4 万平方米标准化厂房已全面建成，南充电商产业园、生态广场和两座桥梁已投入使用，园区已签约企业有 13 家，入驻有 9 家。至 2021 年园区全面建成后，可入驻企业 50 余家，实现年产值达 200 亿元，税收过 5 亿元，带动全县有机农产品基地扩大面积为 5 万亩，增加就业超万人，成为西部领先、全国一流的农产品精深加工中心、仓储物流配送中心和农产品加工研发中心。

6.1.3 拓展农业多种功能

西充县积极开发农业多种功能，因地制宜发展乡村生态休闲、森林康养、旅游观光、乡村文化等新业态。挖掘激活农业的生产、生态、生活、休闲、景观、文化传承蕴藏的潜在价值，推出"农事体验""农耕文化寻绎""田园风光品味"等乡旅产品。西充县建有50平方千米生态文化旅游产业园、张澜故居国家4A级景区、青龙湖国家湿地公园、中国有机生活公园等一大批自然人文景点，尽显山水田园之美。西充县成功举办"四川省第六届乡村文化旅游节"等重大活动，获得"中国丝绸之乡""四川省乡村旅游示范县""中国美丽乡村建设典范县"等称号。通过"文旅+农业""文旅+交通""文旅+民宿"等融合模式，促进传统农业提档升级，实现传统农业向现代农业转变，农村第一、第二、第三产业融合发展，让村民吃上"产业饭"，实现增收致富。

位于西充县莲池镇的张澜故居景区，拥有厚重的人文历史、良好的自然生态、古朴的民风民俗、浓郁的乡村风情和秀丽的田园风光。近年来，西充县立足当地人文生态优势，将农业、文化、旅游融合发展，走出了一条旅游兴业、文旅富民的特色发展之路。据统计，近年来，莲池镇在张澜故居景区沿线新建乡村酒店、农家乐有20余家，民宿客栈有6家，年接待游客超过60万人次，年旅游综合收入超过3亿元。

6.1.4 产城融合，城乡一体

西充县按照产城融合、城乡一体发展新路径，加快建设空间合理、发展活力强劲、城市品质高端、生态环境优良、居民幸福乐居的"产城一体示范区"。为实施乡村振兴大战略，西充县深化"百镇建设行动"试点，重点建设太平、义兴、双凤等集镇，打造义兴—凤鸣乡村振兴示范带，围绕龙滩河流域、古楼—金源、金泉—太平三大片区，启动3个聚居点项目，完成10个聚居点后续建设，创建省市级"四好村"100个。中国有机生态循环第一村——凤鸣镇双龙桥村、义兴镇盐水垭村的亚洲有机示范村、古楼镇充国香桃文化博览园、双凤镇跳蹬河村的兴旺种植农民专业合作社、省级示范农业主题公园——来有生态农业公园都是城乡融合的"西充实践"。西充县通过产城融合、城乡一体化发展，打造宜居生活环境，提高农民生活水平，提升农民生活质量。

西充县双凤镇跳蹬河村距西充县城有 19 千米，该村有着良好的区位条件，却曾以"全村无产业、增收无来源、发展无带动、集体经济空壳化"成为鲜为人知的"三无村"。在双凤镇党委、政府的支持下，跳蹬河村成立了兴旺种植农民专业合作社，把撂荒地打造成经果园，种植桃树和柑橘，以经果园发展休闲娱乐、搞乡村旅游。由党员干部带头，全村 286 户村民成了"股东"，大家拧成一股绳，相继完成了 620 亩土地整理，以香桃、柑橘等长效增收产业为主导，以小家禽、当季蔬菜等短期见效产业为补充，建起了标准化香桃产业园 300 亩、晚熟柑橘产业园 320 亩、脆李产业园 80 亩，套种豆科作物、二荆条辣椒等蔬菜 200 亩，发展林下养殖 300 亩，还建起了面积达 2 000 平方米、一次性可接待游客 500 人的"跳蹬河山庄"。如今，该村乡村旅游已初具规模。3 月赏花，5—8 月采桃，国庆、春节宴席不断……曾经土地荒芜、冷冷清清的小山村，如今一年四季游客络绎不绝。村民们吃起了"旅游饭"。2020 年，全村产业收入达 360 万元，村集体收入 30 余万元，农民人均可支配收入超过 1.8 万元，合作社也被评为省级示范社，跳蹬河村也被评为"四川省文明村"。产业的发展、环境的改善、收入的增加，使该村常住村民的幸福感、获得感越来越强，同时也带动了在外务工村民返乡发展的热情。

6.2　案例启示

农村产业融合发展使西充县在近年间发生了巨大的变化，城市建设日新月异，人民生活日益富足。2020 年，西充县地区生产总值达 182 亿元，历史性摆脱了全市垫底的局面，增长达 5.5%，居全市第一位；全社会固定资产投资增长达 13.6%，居全市第二位；地方一般公共预算收入为 8.3 亿元；城乡居民人均可支配收入分别增长了 6.8% 和 9.5%，分别居全市第三位和第一位。西充县 79 个建档立卡贫困村全部退出，22 930 户约 50 215 人全部脱贫，历史性消除了绝对贫困，连续三年荣获四川省脱贫攻坚先进县①。西充县的农村产业发展经验对西部地区农村产业融合发展具有十分重要的启示和示范意义。

6.2.1 生态发展、绿色发展，争当有机农业排头兵

2007 年的西充县经济落后，农业效益低，民生问题突出，综合实力在全省排名靠后，县域经济支撑产业基本是传统大宗农产品，工业、旅游业几乎是空白，地方财政收入长期在亿元以下徘徊，贫困人口比重高达 25%。2008 年，西充县委县政府正式规划"有机产业"发展，建设"中国西部有机食品基地县"。经过十多年的发展，西充县坚持打好、打响"有机"品牌，有机产业从无到有、从有到优，认证面积不断扩大，生产监管不断增强，产品质量不断提升，销售市场不断拓展。截至 2021 年年底，西充县建成有机农业基地为 105 个，有机农田面积达 23 万亩；拥有有机认证品质有 102 个，注册有机产品商标品牌达 76 个，"西凤脐橙""充国香桃""二荆条辣椒""西充黄心苕"成为国家地理标志保护产品；编制发布有机农产品地方生产标准和有机农产品生产质量标准 40 个；建成高标准农田达 44.3 万亩，占全县农田比重的 60%；建成现代农业园区有 28 个，建成充国香桃、晚熟柑橘、黄心苕、二荆条辣椒、粮油等基地达 40 万亩；培育新型农业龙头企业为 127 家、专业合作社为 1 650 个；有机农业总产值达 45 亿元。

通过持之以恒发展现代有机农业，西充县收获了金山银山，夯实了乡村振兴的产业基础，更收获了绿水青山，获得了一笔巨大的生态财富。西充县先后获得了"国际有机农业联盟亚洲科研基地""亚洲有机农业技术研发中心"等授牌，还荣获了"首批国家农产品质量安全县""国家有机食品生产基地建设示范县""首批国家农村产业融合发展示范园""全国休闲农业与乡村旅游示范县""国家生态保护与建设示范县""国家现代农业

---

① 参见《西充县 2020 年政府工作报告》。

改革与建设试点示范区""国家循环经济示范县""全国绿化模范县"等国字号殊荣,以及"全省农村改革工作先进县""全省城乡融合发展综合改革试点县""全省农田水利建设先进县"等省级殊荣。

西充县在现代农业发展道路上取得了骄人的成绩,更是向全国乃至全世界推广了西充经验,做出了西充贡献。西充县先后高规格举办了 2015 年国际有机论坛、2017 年国际有机农业运动联盟第二届亚洲大会、2019 年西充亚洲有机产业创新发展(首届)峰会、2021 年西充亚洲有机产业创新发展峰会。其中,亚洲有机产业创新发展峰会会址更是永久落户于西充县义兴镇有机村。

从打造"中国西部有机食品基地县"到争当"有机农业排头兵"、建设"中国有机农业第一县",10 余年来,西充县坚定目标,砥砺前行,正在为亚洲和世界有机产业发展做出贡献。西充县目前正加快推进辐射全国的有机食品供给地、亚洲有机农业技术研发中心、西部有机农产品交易中心和有机农业地方标准制定中心建设,将形成更多可复制、可推广的推进有机产业发展的机制、举措和"西充经验"。

6.2.2 产业延伸、农旅融合,打造乡村旅游目的地

作为乡村振兴和现代农业的有力支撑,西充县大力发展农产品精深加工产业和物流产业,使农业生产、农产品加工和销售、物流、仓储、技术推广等其他服务业有机整合在一起,第一、第二、第三产业之间紧密相连、协同发展,最终实现了产业链延伸、产业范围扩展和农民收入的明显增加。立足产业基础,西充县围绕农产品冷链物流培育百科冷链物流、宏森仓储物流等物流龙头企业;重点建设中国西部(西充)农产品交易中心;建设农产品加工产业园配送中心 1 个、专业物流园 3 个和物流中转服务站 6 个,形成"一中心、三园区、六服务站"的县域商贸物流服务体系;整合中国邮政、"四通一达"等快递物流企业,开通西太线、西双线、西义线 3 条到村物流线路,构建县、乡、村三级物流配送体系。农产品物流和加工产业的建设,延伸了农业产业链,增强了西充县粮食生产能力和市场供给能力,带动了农业和农产品精深加工、乡村旅游业同步发展,实

现了三次产业深度融合发展。

近年来，西充县坚持规划引领，全域规划定目标，确定了以"生态田园·有机西充"为主题，以"旅游全域化、全域景区化、景区生态化"为方向，以"打造乡村旅游目的地"为战略定位的发展思路，按照"一核（县城中心服务核）、一带（国道212线有机生态景观带）、四区（有机农业休闲区、生态康养休闲区、田园体验休闲区、人文民俗体验区）"的空间布局，全面推进有机田园乡村旅游目的地建设，努力争创国家全域旅游示范区、天府旅游名县。

截至 2020 年年底，西充县已建成国家 4A 级景区 1 个（张澜故里）、国家 3A 级景区 3 个（桃文化博览园、中国有机生活公园、双龙桥中国有机生态循环第一村）、莲池镇等省级乡村旅游示范乡镇 5 个、双龙桥村等省级乡村旅游示范村 3 个；青龙湖获批国家湿地公园，来有生态农业公园获评省级示范农业主题公园；"一乡一节"成为省市知名文旅品牌；成功举办首届中国农民丰收节；成功创建"中国长寿之乡"、国家休闲农业与乡村旅游示范县、四川乡村旅游示范县；实施重大文旅产业项目 15 个，总投资达 56 亿元。2020 年，西充县实现了旅游综合收入达 50.5 亿元，同比增长 25.8%。

6.2.3 乡村振兴、城乡融合，建设产城一体示范区

推进乡村振兴，发展城乡融合，农业农村要优先发展，深入实施以人为核心的新型城镇化战略，缩小城乡发展差距和居民生活水平差距，促进城乡要素自由流动、平等交换和公共资源合理配置，形成工农互促、城乡互补、全面融合、共同繁荣的新型工农城乡关系，推进农业农村现代化。西充县大力建设产城一体示范区，建设新型城镇，整治农村人居环境，提升基础设施，还在污染防控、风险防控、民生改善等方面发力，汇聚发展新动能，厚植发展新优势，做强发展新支撑，塑造发展新风气，让全民共享发展新成果。西充县还大力整治农村人居环境，不断增强人民的获得感、幸福感和安全感。

西充县开展的农村人居环境整治三年行动全面完成，建成新农村综合

体有6个，新村聚居点有157个，"美丽四川·宜居乡村"超过250个。深化"百镇建设行动"试点，推进凤鸣、仁和等重点集镇建设，支持多扶镇创建全省经济强镇，深入开展古楼乡村振兴规划试点。围绕"三带三区百村"乡村振兴规划，推动一批旧村落改造、新村聚集点建设，创建一批全省实施乡村振兴战略先进乡镇、示范新村。

西充县实施基础提升工程，让乡村的承载力更强。例如，改建国道212线县城过境段，建设成德南高速鸣龙互通，建设关文等13条通乡公路，打通群众出行"最后一公里"；建设双洛水厂、海贝水库等水利设施，完成观音110千伏变电站建设，推进城乡供水供电一体化。

西充县深入开展农村人居环境整治清洁行动，让乡村环境更干净、面貌更美丽、人居环境更舒适；推进"垃圾革命""污水革命""厕所革命"，新改建农村公厕341座、农户卫生厕所近3万个，农户卫生厕所达标率达90%；新建乡镇垃圾压缩中转站39个，农村垃圾有效处理率达100%；因地制宜推行散户治污，农村生活污水治理率达65%；推广畜禽粪污资源化利用，有效利用率达90%。

西充县作为全国生态文明工程示范试点县，在启动省级生态文明建设示范县工作及经济发展的过程中，其不仅收获了金山银山，还收获了绿水青山，全年空气质量优良天数率稳定在92%以上，荣获"全国绿化模范县"的称号；古楼镇荣获"四川省乡村振兴先进乡镇"的称号，青狮镇老家湾村等4个村被评为"四川省乡村振兴示范村"，西充县获评"全国村庄清洁行动先进县"。

7 结论与建议

7.1 研究结论

本书从农村产业融合理论出发，构建了农村产业融合评价指标体系。本书以西部地区 6 省份（四川省、云南省、贵州省、陕西省、甘肃省和宁夏回族自治区）为研究对象，对农村产业融合和农民收入现状进行了分析；对农村产业融合与农民增收的相关性和因果关系都进行了检验，实证研究了农村产业融合对农民增收的影响程度，对农村产业融合体系的各指标与农民收入进行了灰色关联分析。通过前文的研究，我们得到以下结论：

（1）西部地区 6 省份农村产业融合发展水平不均衡，发展程度较低，融合水平呈持续上升态势。通过测算西部地区 6 省份 2008—2017 年的农村产业融合度，我们发现西部地区整体农村产业融合发展水平偏低，发展不均衡。四川省于 2017 年步入农村产业融合成长阶段，其他 5 个省份处在农村产业融合起步阶段。

（2）西部地区 6 省份农民收入增速减缓，城乡差距不断缩小。西部地区农民收入水平与全国的差距逐渐缩小，增长速率减缓，城乡差距缩小并趋于缓和，农民增收形势总体保持平稳，农民增收遇到新的挑战。西部地区 6 省份的农民收入结构发生变化，农民工资性收入和转移性收入占比增加，农民家庭经营性收入占比减小，农民财产性收入变化不大。

（3）农村产业融合与农民增收不是互为因果的关系，农村产业融合和农民增收均具有惯性特征。基于 2008—2017 年西部地区 6 省份的面板数据，PVAR 模型估计与格兰杰因果检验结果表明，农村产业融合与农民增收不是互为因果的关系；滞后一期的农村产业融合对农民收入有显著影响。

（4）农村产业融合对农民增收有显著的正向促进作用。基于 2008—2017 年西部地区 6 省份的面板数据，个体固定效应模型估计结果表明，在控制产业结构调整和人均地区生产总值影响的情况下，农村产业融合对农民增收的影响程度为农村产业融合度每增加 1%，就能促使农民收入增加约 0.207%。

（5）西部地区 6 省份 2008—2017 年的农村产业融合评价体系中影响农民增收的关键因素是：农产品加工业总产值、乡村旅游总收入、设施农业面积占比、农村每万人拥有农民专业合作社数量、休闲农业经营主体数量和农业机械化水平。从时序与截面角度的共同点来看，农产品加工业总产值与农民收入的关联度最高。从农民收入结构来看，影响农民工资性收入的关键因素是农产品加工业总产值、设施农业面积占比、休闲农业经营主体数量；影响农民经营性收入的关键因素是农产品加工业总产值、农村每万人拥有农民专业合作社数量、设施农业面积占比；影响农民财产性收入的关键因素是农村每万人拥有农民专业合作社数量、农产品加工业与农业总产值之比；影响农民转移性收入最主要的因素是农业机械化水平。

（6）本书选取了四川省南充市西充县作为农村产业融合的案例，分析了西充县"争当有机农业排头兵，打造乡村旅游目的地，建设产城一体示范区"的经验和模式。一是有机农业蓬勃发展；二是农业产业链延伸发展；三是拓展农业多种功能发展；四是产城融合城乡一体。西充县的农村产业发展经验对西部地区农村产业融合发展具有十分重要的启示和示范意义：一是生态发展、绿色发展，争当有机农业排头兵；二是产业延伸、农旅融合，打造乡村旅游目的地；三是乡村振兴、城乡融合，建设产城一体示范区。

7.2 对策建议

推进农村产业融合是我国实现乡村振兴、产业兴旺和农业供给侧结构性改革的重要途径，农村产业融合始终以农业为基础，以农民增收为落脚点，解决农民收入增速遇阻的问题，是建设特色农业现代化道路的必然选择。目前，我国多数省（自治区、直辖市）农村产业融合发展还处于起步阶段，农民收入增长速度较缓，针对本书的研究结论，我们对西部地区如何推进农村产业融合发展、有效促进农民增收提出了以下建议：

7.2.1 发展农产品精加工产业，延长农业产业链

前文研究表明农产品加工业的发展对促进农民增收有重要作用，目前农产品加工业存在产业链短的问题，大多是农产品初加工企业，果蔬等农产品加工企业，带动农民增收的能力较弱，农产品加工产业链条的生产、销售、加工、流通等环节中，农民只参与生产并供给农产品。要增加农业产业链附加值、提高农产品利润、带动农民增收，我们就必须延长产业链、促进农产品精深加工。一是加强技术革新。农产品深加工的关键是加强技术革新，推进新型杀菌、新型非热加工、微生物发酵、冷链贮存等精深加工先进技术，研发深加工技术信息化、智能化的装备，开发新产品，挖掘农产品加工潜力，提高农产品转化利用率。二是打造特色品牌，注重产品质量安全。我们要立足现有资源优势，因地制宜地打造特色农产品品牌，丰富农产品种类，提升产品质量，向绿色、安全、有机、休闲食品方向发展，提高农产品附加值。三是产业集聚发展。我们要打造一体化产业园区，集农产品生产、加工、物流、销售为一体，促使生产基地、加工企业、现代物流企业集聚发展，延长农业产业链。

7.2.2 整合旅游资源，大力发展休闲农业

乡村旅游与休闲农业在农村产业融合发展中体现出农旅融合水平，是

影响农民工资性收入和经营性收入的主要因素之一。目前西部地区乡村旅游还存在基础设施不够完善、特色不明显、缺乏专业化管理等问题。为强化乡村旅游与休闲农业对农民增收的促进作用，我们要采取的措施包括精准打造，规范化管理、完善基础设施和创新发展模式。一是精准打造。我们要因地制宜地以乡镇为中心，打造特色小镇，提高其吸引游客的能力；建设功能齐全、增收机制完善、辐射面广的休闲农业示范园区，带动农民就业。二是规范化管理、完善基础设施。我们要制定乡村旅游与休闲农业园区规范化、标准化技术规程，提升服务标准；开展乡村旅游各类人才教育培训，增强旅游人才的素质和经营能力。三是创新发展模式。我们要适应新的消费需求，创新农业旅游新模式，将乡村旅游观光与农产品种养、电商物流、餐饮住宿融合起来，利用特色民俗文化开办各类休闲农业主题活动，吸引游客来住宿、游玩和购物。

7.2.3 大力发展设施农业，完善现代化农业生产体系

农村产业融合发展的侧重点始终在农业发展上，设施农业作为未来绿色农业的发展趋势，将推动农村产业融合健康、深度发展。由前文的研究结论表明，设施农业显著促进了农民增收。设施农业作为新的农业生产体系，还存在如设施农业规模较小、资金投入不足、科技和管理技术水平不高、农产品销路窄等问题。为更好地发展设施农业，推动农村产业融合发展，促进农民增收，我们提出四点建议，即一是形成集中连片规模生产。我们要因地制宜、合理布局，选择特色优势主导产品，统一规划，集中建设设施农业生产基地，提高农产品质量，发展一村一品。二是加大资金支持力度。财政部门给予温室设施设备和常用农业机械购买优惠政策、一定面积的资金补贴和设施农业贷款的金融扶持。三是加强技术推广和人才培训。我们要加强对农民在政策、信息、技术上的培训教育，培养懂生产、懂管理、懂技术的设施农业技术人员，提升农民经营性收入。四是畅通销售渠道。我们要积极推进设施农业与休闲农业、乡村旅游相结合，开展大棚采摘体验项目；与农产品加工业、农民专业合作社合作，签订供货合同；采用电子商务、农超对接的销售新方式，畅通销售渠道。

7.2.4　培育多元化融合主体，为融合发展提供动力

前文的研究结论显示，农村每万人拥有农民专业合作社是影响农民工资性收入和经营性收入的主要因素之一。农民专业合作社对农民增收的带动能力有限，为改善农民就业结构，我们可以培育多元化的农村产业融合主体，具体建议有四个，即一是培育新型农民。我们通过对农民进行职业教育和技能培训，培育一批懂管理经营、懂生产技术的新型职业农民和农业经理人，培养复合型人才，提高农民素质，使农民在市场交易中有谈判分析能力。二是鼓励有条件的农民发展家庭农场。三是鼓励农民入股专业合作社。我们要鼓励农民以土地、技术、资金入股专业合作社，健全农民的权益保障；鼓励新型农业、高层次人才、返乡务工人员参与经营或开办专业合作社。四是农业产业化龙头企业发挥示范作用。我们要引导农业产业化龙头企业到农村和建设产业示范基地，重点发展农产品加工、电子商务和农业服务业，带动农民就业。

参考文献

今村奈良臣，1996. 把第六次产业的创造作为 21 世纪农业花行产业［J］. 月刊地域制作（1）：89.

于刃刚，1997. 三次产业分类与产业融合趋势［J］. 经济研究参考（1）：46-47.

宋洪远，2000. 改革以来中国农业和农村经济政策的演变［M］. 北京：中国经济出版社.

植草益，2001. 信息通讯业的产业融合［J］. 中国工业经济（2）：24-27.

马健，2002. 产业融合理论研究评述［J］. 经济学动态（5）：78-81.

张明林，黄国勤，2002. 农业结构调整的经济学思考及分析［J］. 江西农业大学学报（社会科学版）（2）：11-14.

周振华，2003. 产业融合：产业发展及经济增长的新动力［J］. 中国工业经济（4）：46-52.

何立胜，李世新，2005. 产业融合与农业发展［J］. 晋阳学刊（1）：37-40.

陈秋珍，JohnSumelius，2007. 国内外农业多功能性研究文献综述［J］. 中国农村观察（3）：71-79，81.

王昕坤，2007. 产业融合：农业产业化的新内涵［J］. 农业现代化研究（3）：303-306，327.

白仲林，2008. 面板数据的计量经济分析［M］. 天津：南开大学出版社.

何德旭，姚战琪，2008. 中国产业结构调整的效应、优化升级目标和政策措施［J］. 中国工业经济（5）：46-56.

王德萍，孟履巍，2008. 中国农业服务业的发展 [J]. 上海经济研究 （8）：13-17.

梁伟军，2010. 交易成本理论视角的现代农业产业融合发展机制研究 [J]. 改革与战略，26（10）：87-90.

梁伟军，2011. 产业融合视角下的中国农业与相关产业融合发展研究 [J]. 科学经济社会，29（4）：12-17，24.

谢小蓉，2011. 国内外农业多功能性研究文献综述 [J]. 广东农业科学，38（21）：209-213.

赵晓锋，张永辉，霍学喜，2012. 农业结构调整对农户家庭收入影响的实证分析 [J]. 中南财经政法大学学报（5）：127-133，144.

詹瑜，崔嵬，2012. 农业产业链理论与实证研究综述 [J]. 贵州农业科学，40（5）：214-218.

单元媛，罗威，2013. 产业融合对产业结构优化升级效应的实证研究 [J]. 企业经济（8）：49-56.

姜长云，2015. 推进农村一二三产业融合发展新题应有新解法 [J]. 中国发展观察（2）：18-22.

马晓河，2015. 推进农村一二三产业深度融合发展 [J]. 中国合作经济（2）：43-44.

陶长琪，周璇，2015. 产业融合下的产业结构优化升级效应分析：基于信息产业与制造业耦联的实证研究 [J]. 产业经济研究（3）：21-31，110.

赵珏，张士引，2015. 产业融合的效应、动因和难点分析：以中国推进"三网融合"为例 [J]. 宏观经济研究（11）：56-62.

赵海，2015. 论农村一二三产业融合发展 [J]. 农村经营管理（7）：26-29.

关浩杰，2016. 农村产业融合发展综合评价指标体系如何构建 [J]. 人民论坛（20）：52-54.

黄祖辉，2016. 在一二三产业融合发展中增加农民收益 [J]. 中国合作经济（1）：23-26.

刘琳，2016. 基于产业结构理论的欠发达地区产业结构优化研究 [J]. 学术论坛，39（8）：58-62.

梁立华, 2016. 农村地区第一、二、三产业融合的动力机制、发展模式及实施策略 [J]. 改革与战略, 32 (8): 74-77.

唐超, 胡宜挺, 2016. 农村产业融合收入效应分析: 来自北京市的经验数据 [J]. 新疆农垦经济 (11): 12-19.

苏毅清, 游玉婷, 王志刚, 2016. 农村一二三产业融合发展: 理论探讨、现状分析与对策建议 [J]. 中国软科学 (8): 17-28.

王艳君, 谭静, 雷俊忠, 2016. 农业与其服务业间产业融合度实证研究: 以四川省为例 [J]. 农村经济 (12): 82-87.

李云新, 戴紫芸, 丁士军, 2017. 农村一二三产业融合的农户增收效应研究: 基于对 345 个农户调查的 PSM 分析 [J]. 华中农业大学学报 (社会科学版) (4): 37-44, 146-147.

梁树广, 马中东, 2017. 农业产业融合的关联度、路径与效应分析 [J]. 经济体制改革 (6): 79-84.

李芸, 陈俊红, 陈慈, 2017. 农业产业融合评价指标体系研究及对北京市的应用 [J]. 科技管理研究, 37 (4): 55-63.

王玲, 2017. 江苏省农村产业融合水平测度与区域差异分析 [J]. 农业经济 (6): 21-22.

赵霞, 韩一军, 姜楠 2017. 农村三产融合: 内涵界定、现实意义及驱动因素分析 [J]. 农业经济问题, 38 (4): 49-57, 111.

陈学云, 程长明, 2018. 乡村振兴战略的三产融合路径: 逻辑必然与实证判定 [J]. 农业经济问题 (11): 91-100.

曹祎遐, 耿昊裔, 2018. 上海都市农业与二三产业融合结构实证研究: 基于投入产出表的比较分析 [J]. 复旦学报 (社会科学版), 60 (4): 149-157.

李乾, 芦千文, 王玉斌, 2018. 农村一二三产业融合发展与农民增收的互动机制研究 [J]. 经济体制改革 (4): 96-101.

孟秋菊, 2018. 农村产业融合的内涵研究 [J]. 四川理工学院学报 (社会科学版), 33 (2): 76-83.

四川文理学院, 中国人民银行达州市中心支行联合课题组, 孟秋菊, 2018.

我国农村产业融合发展的金融支持研究 ［J］. 西南金融 （3）：16-22.

曹祎遐，黄艺璇，耿昊裔，2019. 农村一二三产融合对农民增收的门槛效应研究：基于 2005—2014 年 31 个省份面板数据的实证分析 ［J］. 华东师范大学学报 （哲学社会科学版），51 （2）：172-182，189.

郭军，张效榕，孔祥智，2019. 农村一二三产业融合与农民增收：基于河南省农村一二三产业融合案例 ［J］. 农业经济问题 （3）：135-144.

孔德议，陈佑成，2019. 乡村振兴战略下农村产业融合、人力资本与农民增收：以浙江省为例 ［J］. 中国农业资源与区划，40 （10）：155-162.

刘国斌，李博，2019. 农村一二三产业融合发展研究：理论基础、现实依据、作用机制及实现路径 ［J］. 治理现代化研究 （4）：39-46.

吴丰华，李宇瑛，2019. 西部大开发 20 年城乡关系的历史进程与发展成效 ［J］. 西北大学学报 （哲学社会科学版），49 （6）：60-77.

程莉，孔芳霞，2020. 长江上游地区农村产业融合发展水平测度及影响因素 ［J］. 统计与信息论坛，35 （1）：101-111.

杨阿维，2021. 新发展理念视域下城乡融合发展水平测度 ［J］. 商业经济研究 （2）：190-192.

ROSENBERG N, 1963. Technological Change in the Machine Tool Industry：1840-1910 ［J］. Journal of Economic History （23）：414-446.

NICHOLAS NP, 1975. Industry Evolution and Competence Development：he Imperatives of Technological Convergences ［J］. International Journal of Technology Management, 19 （7-8）：726.

GREENSTEIN S, KHANNA T, 1997. What does industry convergence mean? ［C］. Harvard Business Review Press：201-226.

PENNINGS J M, PURANAM P, 2003. Market Convergence and Firm Strategy：towards asystematic analysis ［J］. Retrieved August, 99 （3）：483-499.

HACKLIN F, V RAURICH, C MARXT, 2005. Implications of Technological Convergenceon Innovation Trajectories：the Case of ICT Industry ［J］. International Journal ofInnovation and Technology Management, 2 （3）：132-148.

PRESCHITSCHEK, et al., 2013. Anticipating industry convergence: semantic analyses vs IPC co-classification analyses of patents [J]. Foresight: the Journal of Futures Studies, Strategic Thinking and Policy, 15 (6): 446-464.

S BORNKESSEL, et al., 2014. Analysing indicators of industry convergence in four probiotics innovation value chains [J]. Journal on Chain and Network Science, 14 (3): 213-229.

WALI, AYID A, 2014. The role of geography in the analysis of industrial development strategies within the spatial organisation of a region [J]. Bulletin of Geography. Socio-economic Series, 24 (24): 6-8.

NAMIL KIM, HYEOKSEONG LEE, et al., 2015. Dynamic patterns of industry convergence: Evidence from a large amount of unstructured data [J]. Research Policy, 44 (9): 1734-1748.

YOUNGJUNG GEUM, MOON-SOO KIM, SUNGJOO LEE, 2016. How industrial convergence happens: A taxonomical approach based on empirical evidences [J]. Technological Forecasting & Social Change: 107.